丸田芳郎

花王『中兴之祖』

[日] 佐佐木聪 著

王胜 译

たゆまざる革新を貫いた
第二の創業者

新星出版社　NEW STAR PRESS

序

本书讲述的是花王公司的事业开拓者——丸田芳郎的故事，回顾丸田芳郎的人生足迹，总结其对日本经营史和创业者史的贡献。

花王的创始人长濑富郎于1887年（明治二十年）6月19日成立了西洋日用百货商店——长濑商店（花王公司的前身），2017年是其成立130周年。经过长期的发展，当初的"花王石碱（译者注：指香皂）股份有限公司"发展成了如今的"花王股份有限公司"。而使花王公司的事业得到极大的拓展的正是本书的主人公——丸田芳郎。

丸田芳郎作为花王领导者，经历了日本经济的高速成长期、稳定发展期、泡沫经济期和泡沫经济崩溃期。这期间，随着外国企业进入日本，新兴零售势力兴起和信息、物流系统发展，花王的经营环境发生了巨大的变化。丸田芳郎鼓励自己和员工，以"日日新"为宗旨，不断革新，通过创造性的经营使花王在巨变的环境中实现了发展。花王公司生产的单品和系列产品丰富了我们的生活，改变了我们的生活方式。从这个意义上来讲，丸田芳郎的贡献绝不会逊色于本书同系列的其他企业家。

丸田芳郎健在时，介绍其贡献的书有很多。然而，丸田芳郎去世后，系统介绍其生涯的书籍只有丸田芳郎纪念册刊行规划中心出版的《一心不乱——丸田芳郎的工作》（花王股份有限公司、2007年、非卖品）。所以，本书重新系统梳理了丸田芳郎的人生历程及其革新成果，可以说是第一部由外公司编辑的企业家丸田芳郎的通史。

第一部，尽可能详细地回顾了丸田芳郎的人生经历，关注了影响丸田芳郎企业家历程的人和事。如：丸田芳郎生活的社会时代、童年时期的自然环境、家庭、学校生活、对丸田芳郎有重大影响的人、进入公司的经过和热衷的工作、对艺术的倾心、对宗教的关心和先哲的教诲等。另外，本书从丸田芳郎成为经营者之前开始讲述其取得的成绩，以展示丸田芳郎的企业家资质。

第二部，从企业家养成的角度出发，重新评价第一部分中丸田芳郎的人生经历。同时，概括了丸田芳郎的改革创新举措，讨论丸田芳郎作为企业家在经营史上的意义。

第三部，收录了丸田芳郎的同事、同行、亲人对其的评价。

公司里的丸田芳郎、行业内的丸田芳郎和家庭中的丸田芳郎，从不同侧面为读者展示出一个立体的丸田芳郎。

另外，花王股份有限公司资料室和笔者一起进行了以下三方面史料的整理、编纂工作，行业史部分的编写也得到了资料室的帮助。

首先是《花王史100年》（1993年出版）。由于当时很多史料尚未整理，我们以公司历史编纂室提供的众多史料中的早期史料为中心，逐一进行推敲分析，并且有幸得到了进行史料整理的南宫幸子和编写《伊藤英三》《洗浴风俗史》《花王广告史》的落合茂的指导。当时正值老员工聚会结束，公司的老员工们来拜访南宫幸子，笔者从公司老员工那里了解到了很多信息。之后，在《花王史100年》的出版庆祝会上，笔者第一次见到了丸田芳郎董事长。如今据笔者初见丸田芳郎董事长已过去近25年，本书对那时的情况、社会情形等也进行了记述。

然后，受花王股份有限公司资料室委托，笔者调查了花王贩社成立初期的史料，并且从有关人员那里听取了相关情况。通过对有关人员的调查询问，确认了丸田芳郎在很多地区的事迹和影响。这些本不属于花王股份有限公司资料室的工作内容，但依然得到了资料室工作人员的帮助，总结了关于花王贩社的众多研究论考。

最后是《花王120年》（2012年出版），这是花王的第二部公司史。笔者也参加了本书的编写，惊叹花王公司获得事业极大拓展的同时，更感慨丸田芳郎播下的种子对花王中兴产生的巨大影响。

除此之外，笔者在编写《产业经营史系列10 肥皂·洗涤产业》（日本经营史研究所、2016年出版）时，在史料方面也得到了花王股份有限公司资料室的协助。

本书的编写得到了诸多人士的协助，尤其是得到了丸田芳郎长子丸田诚一及其家人、花王股份有限公司资料室及花王会（花王集团退休职工亲睦会）事务局的协助，笔者在此一并表示感谢。本书未注明提供者的图片及图片说明，均为花王股份有限公司资料室提供，其中私人照片为丸田诚一向花王提供（故现归花王所有）。

在本书编写期间，丸田诚一任花王博物馆馆长，介绍花王的历史与现状，这似乎是丸田诚一故去父亲丸田芳郎的巧妙安排。丸田诚一驱车带笔者从长野站出发实地踏访了丸田芳郎的足迹，通过实际观察得到了很多信息。

丸田诚一还与笔者一同去了长野县立长野高中（丸田芳郎

曾就读于旧制长野中学），我们未曾预约就直接到访。该校校长为笔者提供了很多信息，并且该校校友会（金鸥会）事务局为笔者进行相关史料调查提供了方便。

群马大学综合情报媒体中心理工学图书馆（丸田芳郎曾就读于该大学工学部和理工学部的前身桐生高等工业学校）和群马大学工业会（工学部、理学部校友会）资料室为笔者进行丸田芳郎在校期间及相关人员的史料调查提供了极大帮助。原静冈县立大学教授五岛绫子提供了化学方面的历史资料。

丸田芳郎度过新婚阶段的和歌山市养翠园（纪州德川十代藩主兴建的庭园）、县立长野图书馆等也对本书编写提供了帮助。

第三部中评价丸田芳郎的各位人士及负责丸田芳郎晚年医疗的渡边滋大夫为笔者确认诸多细节提供了长期的帮助。

除此之外，还得到了日用品化妆品新闻社股份有限公司、石碱新报社股份有限公司、日本商业新闻社有限公司等报刊相关人士的帮助。

在此，对向本书编写提供帮助的各位致以衷心的感谢。

最后，PHP研究所股份有限公司70周年纪念出版规划推进室的丸山孝对本书的策划、编辑提供了帮助，而且巧合的是丸山孝和丸田芳郎一样，少年阶段也在长野市度过，且也曾就读于松本的高中。丸田诚一带笔者赴长野调查时，丸山孝也曾一同前往。丸山孝对本书的编写给予了诸多帮助并提出了大量宝贵建议，笔者在此再次表示衷心的感谢。

佐佐木聪

2017 年 5 月

目 录

第一部　详传
专业经营者——丸田芳郎的一生
改变日本人生活的新产品

Ⅰ 少年和青春 / 003
    1. 在信州的自然和父母的爱中长大 / 003
    2. 旧制长野中学时代 / 012
    3. 桐生高等工业学校时代 / 020

Ⅱ 进入花王和初期的工作 / 036
    1. 花王的发展史和丸田芳郎进入公司 / 036
    2. 从研究室到生产现场 / 044
    3. 与伊藤英三的相识 / 053
    4. 航空润滑油的研究和事业化 / 058

Ⅲ 战后复兴和构筑新发展的基盘 / 075
    1. 战后的花王和工厂重建 / 075
    2. 丸田芳郎的再出发 / 084

Ⅳ 担任营业经理时的经营革新 / 104

    1. 经营危机和受命为营业经理 / 104

    2. 销售制度改革 / 114

    3. 技术基盘的准备 / 127

    4. 与骨肉亲人的离别 / 134

Ⅴ 就任总经理和初期考验 / 142

    1. 突然的总经理任命 / 142

    2. 面对洗涤剂恐慌 / 150

    3. 资本自由化的对策和股东大会的公正化 / 158

Ⅵ 事业的多样化和纵向一体化经营的开展 / 170

    1. 经营理念的确立 / 170

    2. 经营组织的改革 / 175

    3. 强化研发和市场 / 181

    4. 产品的多样化 / 185

    5. 海外事业的展开和纵向一体化经营 / 190

    6. 公司名变更和 TCR 活动 / 196

    7. 从总经理到董事长 / 203

    8. 从顾问到平静的晚年生活 / 212

Ⅶ 业界团体的职务和荣誉 / 221

第二部　论考

企业家素养的形成、发挥
经营革新及其在经营史上的意义

前　言 / 225

Ⅰ 企业家素养的形成 / 227

    1. 少年时期和学生时代 / 227

    2. 研究部员时代 / 231

    3. 和歌山工厂厂长时代 / 235

Ⅱ 企业家素养的提升和应对环境变化 / 240

    1. 合并后新花王公司的董事和营业经理 / 240

    2. 客体条件的转变和作为企业家的挑战 / 242

Ⅲ 领导才能和经营战略 / 247

    1. 突然继任总经理和随后的危机 / 247

    2. 经营理念的确立和组织建设 / 249

    3. 经营战略 / 252

Ⅳ 经营史上的丸田芳郎 / 256

    1. 丸田芳郎在战后日本企业家类型的归属 / 256

    2. 花王首位职业经理人型总经理 / 258

3. 造就职业经理人的战略组织背景 / 259

　　4. 丸田芳郎作为职业经理人的企业家素养 / 261

后　记 / 268

第三部　他人眼中的丸田芳郎
一心不乱·常住真实
公司、业界、家庭里的丸田芳郎

Ⅰ 公司里的丸田芳郎 / 271

　　1. 采访对象：大泽好雄 / 271

　　2. 采访对象：中川弘美 / 277

Ⅱ 业界里的丸田芳郎 / 292

　　1. 采访对象：丸山源一 / 292

　　2. 采访对象：信冈秀典 / 301

　　3. 采访对象：长谷川忠史 / 305

　　4. 采访对象：町田正一郎 / 310

Ⅲ 家庭中的丸田芳郎 / 318

　　1. 采访对象：丸田诚一 / 318

2. 采访对象：丸田角子 / 327

3. 采访对象：丸田博之 / 337

"企业家丸田芳郎"简略年表 / 343

写在 PHP 经营丛书"日本的企业家"系列发行之际 / 348

第一部　详传

专业经营者——丸田芳郎的一生
改变日本人生活的新产品

【编辑部注】

关于"鹼"和"鹸"(译者注:"鹼"和"鹸"为日文用字区别,中文译文中均使用"碱"字,无上述区别)。本书中,公司名称"花王石鹼股份有限公司"使用汉字"鹼"。1985年(昭和六十年)公司更名为"花王股份有限公司"之前,公司正式名称为"花王石鹼股份有限公司"。

1931年(昭和六年),花王产品更换新包装,产品名称(产品包装用字)开始全部使用"花王石鹸"。因此,商品名称"花王石鹸"及通称"石鹸"均使用汉字"鹸"。最初花王石鹸的商品名称(包装)曾使用"石鹼",但随着时代的变化,后期使用"石鹸"。本书商品名称(产品包装用字)统一使用"花王石鹸"。

I 少年和青春

1. 在信州的自然和父母的爱中长大

出生和幼年期

今天,花王公司的产品可以说妇孺皆知,走进了日本的每家每户。而使花王跃升为能够代表日本的优秀综合油脂化学企业的就是本书主人公——企业家兼花王经营者丸田芳郎。

丸田芳郎,1914年(大正三年)12月16日出生于日本长野县更级郡信田村田野口(现长野市信更町)。父亲丸田芳三和母亲丸田亭都是教育工作者,丸田芳郎是父母的长子[1]。

父亲丸田芳三的老家在川中岛,位于现在的长野市川中岛町上冰饱,从日本铁路川中岛站下车向东步行200米左右即到,丸田芳三的房子和农田都在那里。那里也是他的老家(原籍),虽然之后不断搬家,但进入花王公司工作以前,丸田芳郎回老家都是到这里。据说,丸田芳郎从小到大,每次回乡探亲都经

冠着山，俗称姨舍山（笔者摄）

常到这附近的犀川和千曲川游泳[2]，游泳是他的特长之一。

丸田芳三在兄弟中排行老三，为了成为一名教师，他把田里的农活委托给了兄弟和佃农，专心实现自己的理想。丸田芳三从长野师范学校毕业后，去了更级郡信田村的信田小学工作。不久后，即1921年（大正十年），丸田芳三到大冈村小学任校长。大冈村（现长野市大冈地区）位于距离信田村大约10公里的深山里，贫穷偏僻，但是全家还是跟随父亲搬到了那里，丸田芳郎还在大冈村小学入学了。第二年，丸田芳三调入更级小学当校长，丸田一家又搬到了冠着山（姨舍山）山脚下的更级郡若宫（现千曲市若宫），丸田芳郎也随之转到了更级小学。那时，丸田芳郎7岁。

丸田亭（丸田芳郎的母亲）的父亲杉山光恭也是教育工作者，培养了长野县的县歌《信浓之国》（译者注：信浓国为日本旧国名，位于今日本长野县。1871年废藩置县，分为长野、筑摩两县，1876年并为长野县。）词作者浅井洌（长野县师范学校教师）等大量优秀人才，为长野县的教育做出了巨大贡献。受父亲热衷于教育事业的影响，丸田亭于松本女子师范学校毕业后，也成为一名教师。

浅井洌1899年（明治三十二年）作词的《信浓之国》，次年由其同事北村季晴谱曲。歌曲共六段，以"信浓之国，境连十州，高山耸立，河水长流"开头，包含了浅间山、千曲川、天龙川（译者注：浅间山、千曲川、天龙川：均在信浓国境内。）等地名，还写入了旭将军义仲（译者注：名义仲，全名源义仲，在信浓国长大，日本平安时代末期著名武将。在源平合大战中大败当权的平氏一门，威震四方，人称"旭将军""朝日将军"）、象山佐久间（译者注：出生于松代藩，日本江户末期思想家、兵法家）等伟人，在长野县传唱至今[3]。

向自然学习和对"神"的崇敬

据说，丸田芳郎在山里的老家信田村田野口时就喜欢游泳、捉鱼、抓独角仙，以在河边山野游玩为乐。丸田芳郎不仅记忆力好，而且活泼好动，经常玩得大汗淋漓。也许是因为经常出汗吧，丸田芳郎虽然是个孩子却爱吃咸的东西，吃完就咕咚咕咚地大口喝水。后来，因为父亲工作调动，全家搬到了若宫。若宫的家在冠着山的山脚下，是仰望冠着山的好地方，而这片土地也成了少年丸田芳郎的乐园。春天到山里采野菜，夏天去千曲川游泳捉鱼，秋天到山里找松蘑，冬天滑雪。多年之后，丸田芳郎仍记得当年玩这些游戏时，自己想出的鬼点子、不服输的劲头和每一次新发现的惊喜。丸田芳郎说[4]：

滑雪的时候，开始是用金属丝把竹子绑在稻草鞋上，后来把锔子绑在旧木屐的齿上，这样比原来更加光滑，雪橇是自己用樱花树做的……春天杏花开的时候去森村玩，去冠着山采蕨菜和紫萁，夏天在千曲川尽情地玩耍。在松茸山因靠自己的聪明才智发现新大陆而欢呼雀跃，在田里捉蝗虫和田螺，去旱田里的蓄水池里捉好多的虾……每天体悟着四季的轮回，并没有什么惊天动地的大事。

若宫有佐良志奈神社，这个神社与佐久间象山有关，被称为"若宫的八幡宫（译者注：日本供奉八幡神的神社的总称。

八幡神指应神天皇，作为武士门第的守护神而受到尊崇，在日本的神社中其数量最多）"。丸田一家曾经借住在佐良志奈神社宫司（译者注：日本的一种神职，掌管神社的营造、祭祀、祈祷等）丰城氏一所房子里[5]。距离这一神社数千公里的地方还有一个武水别神社，该神社位于日本铁路姨舍站东北方向约2000米，丸田芳郎成为花王经营者后也经常和家人一起到此参拜[6]。在武水别神社，可以眺望冠着山，在冠着山也可以尽览神社鸟居（译者注：日本神社入口处所建的大门，用以表示神域）。之后丸田芳郎使用的落款"冠山"也是源于"冠着山"。

父母的教导和关爱

作为教师的父母对儿子丸田芳郎严厉又不失慈爱。母亲让丸田芳郎从小就诵读《论语》，后来他曾和家人自豪地说，"正是因为从小父母对我的教导，周围的人都称我为神童。"虽然父母对丸田芳郎的教育很严格[7]，但是学习方面，父母从不唠叨。丸田芳郎从山坡上滚下来，扎了满屁股松叶，把衣服弄破了，母亲也从来不责备他[8]。

丸田芳郎小学二三年级的时候，一个家里开米店的小伙伴有一辆产自英国、特别珍贵的自行车，丸田芳郎特别喜欢这辆自行车。于是，他趁小伙伴午睡的时候，把自行车骑走了。

但是，因为不太会骑这辆自行车，丸田芳郎的右腿肚子受伤了。父亲背着他去找医生缝合伤口。第二天，伤口依然很疼，但是丸田芳郎还是贪玩去了千曲川，回来后伤口就化脓了，不得不再次找医生治疗。即便如此，父亲也没有责备丸田芳郎。父亲背着丸田芳郎，只是不断地对儿子说：

身体发肤，受之父母，不敢毁伤，孝之始也。

"我们的身体从头发到皮肤都是父母给予，爱惜身体不使其受到伤害是孝的开始。"这是十三经之一的《孝经》的开篇之语[9]。

父亲说的这些古文，对于从小诵读《论语》的丸田芳郎来说不难明白其字面意思，然而年少的丸田芳郎却难以理解其背后的深意。不过，父亲不紧不慢的话语还是让他感到了宽容，父亲的言传身教也教给了丸田芳郎人应该受到尊重的道理。

上面提到的"身体发肤，受之父母，不敢毁伤，孝之始也。"的后面还有一句：

立身行道，扬名于后世，以显父母，孝之终也。夫孝，始于事亲，中于事君，终于立身。

"立身"不是指出人头地、飞黄腾达，而是说要以身行孝，也就是说做人要遵循仁义道德，让自己为后人所景仰，就会让后世知道自己的父母教子有方，这是孝的终极目标。所谓孝，小时候要孝顺父母，长大成人后要忠于国家和君主，要一直遵循仁义道德，践行孝道，成为一个受人景仰的人。

丸田芳郎后来虽然没有成为君主，成为企业家，但是作为一个经营者，他始终坚持"生产产品，服务顾客"的理念，践行"孝"道。这与身为教师的父母从小给予丸田芳郎的家庭教育是分不开的。

勤劳观的萌芽

"孝"道的践行，也体现在丸田芳郎帮助家人做农活上。一到暑假或者农忙期，丸田芳郎都会到老家川中岛帮忙做农活。丸田芳郎去田里摘桑叶，夜里10点到11点再把桑叶送到蚕房里。丸田芳郎的弟弟们也会去母亲的老家，帮助家人做农活，帮忙摘草莓，参与制作纸捻烟花的计件家庭手工活。但是，他们做这些既不是出于父母的要求，也不是因为家里经济困难。

后来，丸田芳郎也常常告诫自己的家人，"什么也不做就是在浪费时间。"[10]丸田芳郎这种永不懈怠的钻研精神和勤劳意识，应该就是在"孝"道精神影响下，于少年时代养成的。此外，重视合作和相互启发的思想大概也在这个时期萌芽了。后来，丸田芳郎说：

过去插秧的时候，都是一家人，爷爷、奶奶、儿子、儿媳、孙子全体出动。大家在一起，平等自由，群策群力，工作非常愉快。大家各抒己见，集思广益，一起讨论，追求真理。这样慢慢地开始有了创造性的意见、别出心裁的想法，以及新的知识和灵感。[11]

丸田芳郎8岁的时候，他的母亲去世离开了他。不久，继母祯走进了他的生活[12]。祯抚养了长子芳郎、次子裕美（1916年生）、三子隆美（1918年生）和五子严（1922年生）这四个兄弟。如下面家系图（图-1）所示，其实还有一个四子于1920年出生，但是出生不久就夭折了。

丸田芳郎说，"丸田祯是我一生中最感激的人，无论是升学还是工作，她是唯一一个可以商量的人。"她一直告诉丸田芳郎，"不论之后从事什么工作，都要成为一个杰出的人。"[13]

丸田祯去世后，丸田朝进入了丸田家，丸田朝是丸田芳郎生母的亲戚。这时，丸田芳郎由于工作已经离开长野了，所以和丸田朝并不像和丸田祯一样亲近，但是他说，"丸田朝是一个稳重温和且有献身精神的女性。"[14]

图-1 家系图

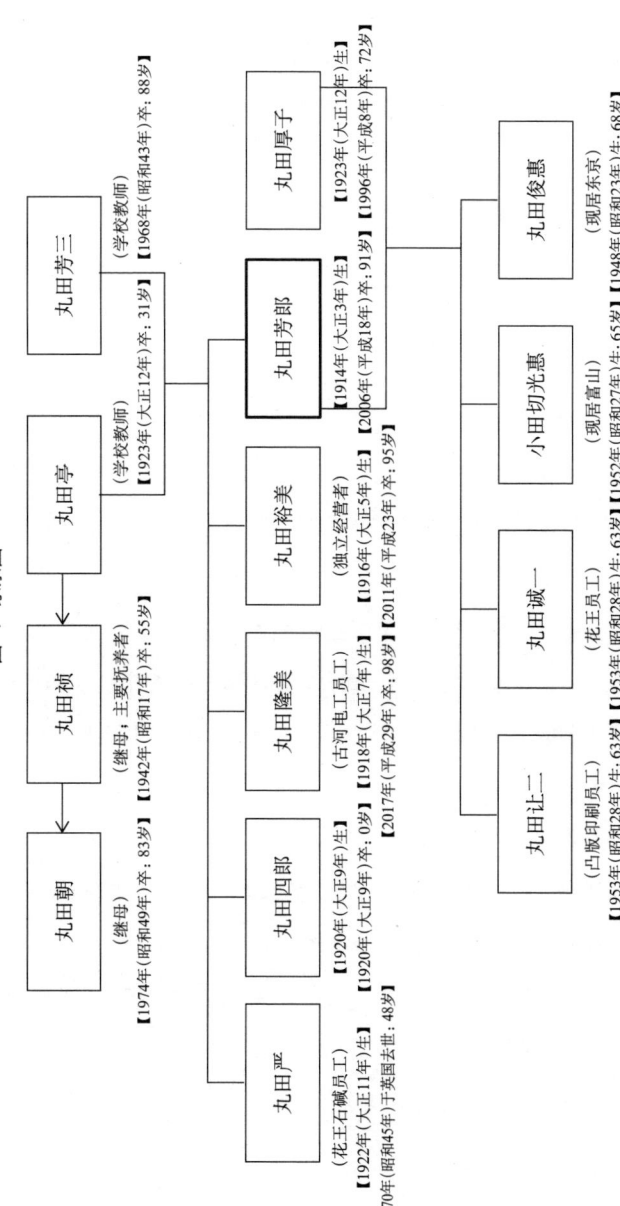

[作者] 丸田诚一（2017 年 1 月）

2. 旧制长野中学时代

进入长野中学学习和对科学的向往

1927年（昭和二年），丸田芳郎进入了旧制长野中学（现长野高中）学习。

该校始建于1883年（明治十六年），当时称上水内中学校，设立在长野町。3年后，为贯彻当时"一府县一中学制"的政策，学校搬至松本，改称长野县寻常中学校（译者注："寻常中学"是日本旧制中学校的专有名称之一）从此，长野町经历了七年无中学的时期，直至1893年该校于长野、上田和饭田设立三所分校，才结束了长野町的中学空白期。

长野分校成立之初位于城山，同年移至西长野地区，位于今信州大学教育学院的原附属小学东南面，加茂神社北面，丸田芳郎就是在这里的长野中学上学。1899年（明治三十二年）成为独立的长野县立长野中学。战后1948年（昭和二十三年）改称长野北高中，次年与长野市立高中合并，1957年改称长野县（无"立"字）长野高等学校[15]。

丸田芳郎在长野中学学习期间，丸田家住在篠之井的盐崎（今长野市篠之井）。他每天从家坐火车到长野上学。笔者认为丸田芳郎可能从稻荷山站或篠之井站上车，根据当时的列车时

长野县坂城邻居合影（前排左五为丸田芳郎）。1927年左右摄

刻表，从稻荷山站上车途经三站到学校，用时24分钟，若从篠之井站上车则途经两站用时15分钟[16]。这与丸田芳郎实际的上学路线可能并不相同，因为从丸田芳郎家到长野站是大约步行25分钟的路程。

丸田芳郎进入长野中学的那年，长野中学的报名入学人数为206人，最终录取人数为188人[17]。上中学以后，丸田芳郎依旧帮助家人做家务，做早饭，放学回家后与弟弟们一起清理走廊、玄关、洗手间和院子。不过，大约是从在长野中学的第四年开始，他全身心投入到了勤奋的学习中。

丸田芳郎说,"当时去千曲川,在河堤上都在看物理、化学、数学书"[18]。丸田芳郎特别喜欢教他化学的大田老师的教学方法,在大田老师的课上,丸田芳郎可以沉浸在物理、数学和化学的世界里[19]。根据丸田芳郎入学后第二年的学校教职工名单,笔者推测大田老师是太田滋雄[20]。从那时起,丸田芳郎开始从科学的角度重新思考小时候在游戏中见到的现象。

前页图片放大。
12岁左右

学校每个年级分为东、西、南、北四个班。入学后第二年,丸田芳郎被分到了二东班。二西班48人,二南班47人,二北班48人,而二东班56人,学生最多。二西班有一名同学叫中山善郎[21],后来成为大协石油的总经理,大协石油与丸善、科斯莫(译者注:日本公司"コスモ石油"的音译)合并后,又成为科斯莫石油的总经理。丸田芳郎直到晚年和他都是十分亲密的朋友。

校风和崇拜皇室的社会环境

长野中学的校风是"笼城主义(译者注:意为敌人包围时,仍坚守城池,据守城池御敌。也指闭门不出,不得已绝不外出)"（独立自治、超然主义）、"和衷协同（译者注：意为和衷共济、齐心协力）""质实刚健"（译者注：意为健康顽强，认真诚实），经过大正时期校风倒退的危机，传承至今[22]。该校学生守则规定，帽章图案为金鸥下面一个"中"字，因此该校学生被称为"金鸥健儿"。传说，神武天皇东征时，一只金鸥落在了天皇的弓箭上，帮助了天皇的军队。因此1890年（明治二十三年）的纪元节（译者注：1872年把《日本书纪》中传说的神武天皇即位之日作为纪元开始而制定的节日。第二次世界大战后废除，1966年改称"建国纪念日"）（2月11日），把授予战功卓越的军人的勋章称为"金鸥勋章"[23]。

1929年（昭和四年），是丸田芳郎进入长野中学的第三年。这一年的4月，学校鼓励开展武道、运动活动，要求每一个学生都要加入一个运动俱乐部。丸田芳郎选择了游泳俱乐部[24]，这个俱乐部里共有80名成员[25]。在游泳俱乐部里，同学们一起去野尻湖，甚至去濒临日本海的上越谷滨集训[26]。

同年6月，学校确立了"监督学生校外行为，培养学生互相督促、自主合作的习惯，使校风精神发扬光大"的宗旨。按照此宗旨每个学区成立了14个校友区。校友区是一个建立在尊重学生自主性的基础上，互相督促勉励，互相监督校外行为的组织。丸田芳郎属于火车下行线（川中岛地区）的第11区。

这个区有16名班委，其中4名班长，丸田芳郎的堂兄丸田治雄就是班委之一[27]。丸田治雄是丸田芳郎伯伯家的孩子，比丸田芳郎高两个年级，在五南班。他是丸田芳郎父亲的本家，在老家是邻居，丸田芳郎每次回老家都会去他们家拜访[28]。当时，丸田芳郎家住在篠之井的盐崎，堂兄丸田治雄家住在川中岛，家并不在一起，他们分在一个区应该是因为他们上学坐同一班火车。

在长野中学求学时，丸田芳郎遇到了一位画风新颖的写生老师，在这位老师的指导下他慢慢喜欢上了绘画。加上从小和大自然亲密接触，他开始学习在绘画中表现自然和事物。

在很长的一段时间里，《大和心》和《远航》（此应为1880年东仪季芳作曲的歌曲，而非1937年信时洁作曲的歌曲）两首歌可以称得上是长野中学的校歌。1921年（大正十年），现在的长野高中校歌《群山》制作完成，歌曲的曲名为《金鸥之光》，但是这首歌只在啦啦队声援时演唱，典礼仪式上依旧使用《远航》[29]。丸田芳郎也和大家一样每逢重要仪式，都会唱这一充满皇国史观（译者注：以天皇为中心评断历史人物及事件的历史观，后因第二次世界大战失败而衰落）的歌曲。

那时，唱歌时用来伴奏的是一架神圣的钢琴。这架钢琴产于法国，被视为学校的"校宝"，至今仍保存在长野高中的校长室里。1899年（明治三十二年），时任学校校长三好爱吉指示说，"宁愿整个冬天不烧柴禾煤炭，也要筹措经费买一架钢琴。"第二年春天，学校从一名外教老师那儿花200日元买来了这架钢琴。1882年（明治十五年），长野县师范学校首次在长野县将小提琴用于音乐教育，后来这种音乐教学方法扩大到了整个长野县。19世纪80年代末至90年代（明治二十年代）风琴在长野县的音乐教育中也得到了普及。后来，长野中学又开了长野县将钢琴用于音乐教育的先河[30]。

1927年（昭和二年）3月3日，昭和天皇在诏书中提出，"为仰明治天皇遗德，设立明治节"。长野中学也在天皇服丧期满后的1928年，除了举行一直以来的三大节，即天长节（10月17日）、纪元节（2月11日）、四方拜（1月1日）之外，于11月3日举行了明治节拜贺式。昭和天皇即位同年的11月10日，学校举行了皇太子行启纪念碑揭幕式和大典庆祝仪式。这座纪念碑是为纪念1919年（大正八年）7月5日当时的皇太子（后来的昭和天皇）曾行启至该学校而建造的[31]。

除了神社崇拜的思想，这些重视皇室的学校活动也构成了丸田芳郎的教育环境之一。

中学时期的经济环境

1929年（昭和四年）10月，华尔街股价暴跌引起世界经济危机，日本也遭到影响。受1930年1月实施的旧平价制度下的金解禁政策（译者注："金输出解禁"的略语，指解除黄金的出口禁令，恢复金本位制。特指日本在第一次世界大战后，伴随各国恢复金本位制，滨口内阁于1930年采取的通货紧缩政策的一项措施）和产业合理化政策压力的影响，日本出现了昭和恐慌爆发的日本经济混乱。企业倒闭事件接连不断，失业者大增，军部势力在社会动荡中抬头，经济状况暗淡。米价和生丝价格暴跌，其中生丝价格暴跌是人造丝发展和国内消费低迷的主要原因。

当时，以养蚕业为支柱产业的长野县，经济尤其不景气。生丝价格暴跌引起蚕茧价格下降，养蚕的农户收入急剧减少。制丝工厂的工人收入减少甚至失业。米作为另一重要产品，其价格暴跌造成许多农户负债累累，这就是所说的"农村恐慌"（译者注：1930-1935年，日本发生的全国性农业危机。生丝、农产品价格暴跌，农村萧条，卖身、全家自杀、为躲债而乘夜潜逃等现象相继发生）。

因为农户收入急剧减少，金融机构的存款支出急剧增加，且贷款回收困难，导致资金周转恶化。长野县三大银行之一的信浓银行（1928年9个银行合并而成）总分行突然宣布停止支付。此时影响扩大，引起了长野县内各金融机构的挤兑风波，出现了金融恐慌。为回避危机，1931年8月剩余的两大银行第十九银行和第六十三银行合并，成立了八十二银行[32]。

因此次金融恐慌，丸田家的生计也受到了影响。关于这个时期的情况，丸田芳郎说[33]：

我进入桐生高等工业学校应用化学专业是昭和七年（1932年）4月，那个时候因为更埴银行破产，我们兄弟四人的3000日元学费也收不回来了，家里陷入了经济最困难的时期。

更埴银行成立之初称东福寺银行，于1898年（明治三十一年）1月在更级郡东福寺村成立，1925年（大正十四年）改称更埴银行，是当时北信地区的主要银行。但是，受长野县金融恐慌影响，更埴银行实施限制取款的措施，之后停业[34]。

下面分析长野中学的毕业生情况。毕业生进入高等学校学习的人数逐年降低，从1927年（昭和二年）的57人急剧降低到1931年的23人，在丸田芳郎毕业的1932年也只有29人，之后也未见增加。即便是学费相对较低的公立学校也是如此，从1927年的31人急剧降低到1931年的12人，其中由于农村恐慌，农业前景暗淡，选择蚕丝专业和高等农林专业的学生更是少之又少。与此对应的是，选择免学费的师范学校二部

（1931年旧制中学、高等女子学校的毕业生的教员养成课程由一年制改为二年制）的学生数量却有增加趋势。从1927年的10人增加到1931年的35人，1932年为23人。由于战时对技术人员的需求增加，选择高等工业学校的学生数量也呈上升趋势，除1931年是6人之外，1932年之前一直保持在10人左右[35]。

其中，和丸田芳郎同为旧制长野中学1932年（昭和七年）3月毕业的毕业生的还有辻直人。辻直人后来也加入了花王的经营团队，成为花王的常务董事。还有一个比丸田芳郎低四个年级的长野中学校友山越完吴，后来成为花王的专务董事[36]。

3. 桐生高等工业学校时代

进入桐生高等工业学校学习

1932年（昭和七年）4月，丸田芳郎结束了在长野中学5年的学习，进入了桐生高等工业学校（现群马大学）的应用化学专业学习。该校于1915年（大正四年）创立，称桐生高等染织学校，设有染色和纺织两个专业。出于"染色行业的发展很大程度上依赖于化学工业，希望设置以纤维化学和油脂化学为主的应用化学专业"的考虑[37]，该校于1920年（大正九年）4月，增设应用化学专业，改称桐生高等工业学校。高桑藤代吉教授从本专业设立之初至1936年（昭和十一年）卸任，其间一直担任应用化学专业的系主任[38]。高桑藤代吉教授是新潟县长岗市人，任该校应用化学专业系主任之前是内外沥青（1907年创立）的总经理。高桑藤代吉教授也给了丸田芳郎许多帮助和指导。

丸田芳郎从小就体验四季轮回的大自然，再加上对科学的追求和对化学这一新兴专业的关注，选择应用化学专业是自然而然的事情。当然，在当时的社会经济状况下，也考虑了毕业后工作就业的问题。但是，丸田芳郎的父亲却建议他选择免学费的高等师范学校（三年制）。因为学校一直拖欠着父母的工资，父亲建议他选择免学费的学校也合乎情理，同时父亲也是希望儿子能够和自己一样走上从师之路。

但是，丸田芳郎却不愿意放弃桐生高等工业学校。他瞒着父亲，同时报考了师范学校和桐生高等工业学校，结果两个学校的考试都通过了。不过，父亲还是反对他上桐生高等工业学校，最终在母亲的帮助下说服了父亲，而这一过程花费了很长时间，因此丸田芳郎去桐生高等工业学校报到的时候，学校已经开始上课了。

丸田芳郎进入桐生高等工业学校学习的这一年，应用化专业的入学考试有三门，英语（英译日）、数学（代数、平面几何、立体几何、三角学）和化学。这一年的考试时间为3月17日-3月19日，共三天。设有本校（桐生高等工业学校）、东京、大阪和福冈四个考场[39]。笔者查阅了群马大学理工学部收藏的这一年的入学考试的试题，英语是把9篇英语短文译为日语；数学是关于代数、平面几何、立体几何和三角学的五个问题；化学也是关于所学内容的5道题，每门考试都重视对基础知识的考察。每门考试时间都是两个小时，四个专业（染色化学、纺织、应用化学、机械）应该分别在三天的不同时间考试。对于丸田芳郎来讲，瞒着家里人参加三天的考试实属不易。应用化学专业这一年计划招收40名学生，但最终只招收了32名学生[40]。

入学誓词和宿舍生活

1932年（昭和七年）4月8日，丸田芳郎和桐生高等工业学校应用化学专业的新生一起在下面誓词上签字[41]：

我宣誓：谨守校规、端正品行、勤奋学习、报答师恩。

按照字头顺序，丸田芳郎第14个签字。同学们用稚嫩但整齐的字体在誓词上签字，表示自己坚定的决心。因为有一名同学因某种原因未能到场，所以32名学生只有31个学生签字。

下面讲一讲学校的宿舍生活。关于宿舍的最初印象，丸田芳郎说[42]：

可能是因为入学晚了，我入学的时候宿舍前院子里的樱花已经盛开了，鲜花烂漫，十分漂亮。那幅画面现在还记忆犹新。

原则上宿舍都是两人间，二年级学生和一年级学生配对住一间宿舍。丸田芳郎和二年级机械专业（1929年设立）的土屋学长一个宿舍。土屋学长和丸田芳郎一样，也是长野县人，他来自长野县的木曾。丸田芳郎说，"土屋学长人特别好，自己多亏了学长的照顾，很快就适应了新的生活。"[43] 笔者查阅毕业生名单[44]，推测与丸田芳郎同宿舍的土屋学长应该是土屋主马夫。土屋主马夫毕业后一直在广海军工厂工作。

离开父母的丸田芳郎肯定还是有些孤独和思乡的。为了排解内心的寂寞，他每周给和自己差不多大的堂妹写两次信，写完信后每天都去信箱查看堂妹是否回信。丸田芳郎也会和在长野的时候一样亲近大自然。从桐生周边到整个群马，大自然给予了丸田芳郎健康的身心。他说[45]：

闲暇的时候，去看看周围的山，去渡良濑川的河滩闲坐，从赤城、足尾到日光，在中禅寺湖边散步。不同季节的自然有着不同的色彩，春天的鲜艳、夏天的爽朗、秋天的红叶、冬天的白雪。它们和这些山是我的朋友，成了我的精神依托。在桐生的生活，让我和自然结下了不解之缘。

有一次，丸田芳郎违背了当初的誓词。入学第二年的夏天，丸田芳郎和好朋友与警察发生了冲突，涉嫌暴力袭警。因为此事，学校要求他们退宿。于是，他和另外两人一起去了桐生中学（之前的桐生高中）附近的小曾根町（位于现桐生市中部）的国领钟表店借住，同住的一共四个人。

搬到小曾根町以后，油脂化学专业的伊泽弘一老师给予了丸田芳郎很多帮助。暑假过后，伊泽老师让丸田芳郎到油脂化学专业的研究室当助手。桐生有名的桐之家饭馆是伊泽老师的父母开的，他的母亲每天都让员工骑着自行车给丸田芳郎他们送早饭，中午给他们送两层食盒的便当，晚上则给他们送自家饭馆的特色菜[46]。

与平田文夫老师的相识

丸田芳郎在小曾根町的住处和平田文夫老师家离得很近。每逢周四、周六的晚上，他就和朋友菊池努君一起到平田文夫老师的家里。其实，在这之前丸田芳郎就和平田文夫老师很熟了。因为，一年级寒假时，丸田芳郎曾经在平田文夫老师的物理学实验室当助手[47]。

结识平田文夫老师对丸田芳郎的一生产生了很大的影响。

正如丸田芳郎自己所说，"那时四十二三岁的平田老师刚从法国留学回来，年轻气盛。平田老师不止教基础物理化学，而且精通文学、音乐和绘画。即便是春假、暑假，我也跟着平田老师学习。"[48]

平田文夫老师1898年（明治三年）出生于日本和歌山县田边市，1921年（大正十年）毕业于东京帝国大学理学部化学专业。1922年4月任桐生高等工业学校讲师，同年9月晋升为教授[49]。1929年（昭和四年），作为内地研究员被派遣至京都大学、大阪工业试验所。1930年开始，为深入研究胶体化学，平田文夫老师到法国、瑞典、美国留学两年，其中主要在法国国立研究所进行胶体化学的研究。在法国时，还跟随Declaux博士学习胶体化学[50]。

1932年丸田芳郎进入桐生高等工业学校时，平田文夫老师正好回国。这一年平田老师34岁，丸田芳郎记忆中的老师年龄与老师的实际年龄有些出入。1937年，平田文夫老师凭借"热塑性凝胶的刚性及其结构"的研究，被京都大学授予理学博士学位，获得此博士学位的前一年，丸田芳郎也曾到此校学习。不仅讲座的内容吸引人，平田文夫自己也有着吸引听讲者的人格魅力，就像同为此领域专家的荻野圭三所说，"平田老师充满魅力的讲座使我把胶体界面的研究作为毕生事业。"

日本胶体化学会的权威研究人员有不少是东京帝国大学教授鲛岛宝三郎（1890-1973）的学生，而平田文夫老师与鲛岛教授持不同学术观点[51]。可能面对任何的权威都会有不同的声音吧。这些不同的声音在坚持自我，与其他观点碰撞的过程中擦出新的火花。

拜访平田老师家使丸田芳郎得到了了解音乐和绘画的机会。他说[52]：

音乐方面，平田老师让我听巴赫、贝多芬的古典唱片。于是，我三年级时成了音乐部长，举办了四谷（引者注：四家）文子音乐会，在唱片音乐会上自己讲解。绘画方面，平田老师给我看从法国带回来的画册，雷诺阿、塞尚等画家的作品打开了我的视野。平田老师经常说："人生虽短，但艺术永恒。"

1925年（大正十四年）5月，桐生高等工业学校成立了由爱好音乐的学生和教职工组成的音乐同好会，平田老师是同好会的代表，也是次年6月选举的音乐部部长[53]。在整个桐生高等工业学校，平田老师也是精通音乐的佼佼者。

丸田芳郎白天在平田教授的指导下研究，晚上则听从平田老师的建议，广读文学作品。他说[54]：

日本文学，在读夏目漱石、森鸥外、岛崎藤村等作家的作品；外国文学，我会读陀思妥耶夫斯基、罗曼·罗兰等作家的作品。我读完后，平田老师会让我谈感想，所以不能不读。开始读的时候若是感觉有趣，后面读的时候就会充满期待。

对于丸田芳郎来说，平田文夫这样意气风发的自由学术研究者对培养他拥有成为进行伟大革新的企业家的素养产生了重要影响。创造是以广博的知识和丰富的感性及理性为基础的。丸田芳郎说[55]：

我一直认为创造的灵感是发自内心的，只有将丰富的感性和理性结合才能真正地进行创造，这种能力必须要在青年时期养成。所以，从这一点来说，我是幸运的。

丸田芳郎成家后，也非常注重在孩子的青年时期，培养他们的感性和理性。

自由的校风和昭和天皇的行幸

和所有旧制高等学校一样，桐生高等工业学校也倡导自由阔达的校风。

桐生高等工业学校有一位比丸田芳郎低七届的后辈叫大泽好雄，他后来也在花王工作，是公司董事[56]之一。大泽好雄是1940年（昭和十五年），也就是皇纪2600年从高崎中学毕业后进入桐生高等工业学校的。这时实行战时体制，学校配置警察以加强监视。战争期间，对技术型学生的需求增加，桐生高等

工业学校机械专业和应用化学专业的学生人数也较前增加[57]。因为要收容远方的学生，所以学校在原有宿舍启真楼的基础上又增加了一栋宿舍纮明楼。大泽好雄经过自己的努力，成了新宿舍的负责人。

长野县川中岛老家的玄关前（后排中间为丸田芳郎）。1934 年前后摄 19 岁左右

纮明楼的学生曾因做"不像话"的行为被警察盘问。所谓"不像话"的行为其实是，学生们半夜里穿着厚朴木齿木屐边走边放声高歌。警察认为在战争时局下，他们这是松懈涣散的表现。警察让宿舍负责人大泽好雄写检查，但是仍然于事无补，仍未能得到警察的原谅，后来他又和警察谈判。大泽好雄联系西田博太郎校长时，校长鼓励他"坚持下去，不认输"[58]。

尽管为加强战时体制，学校采取了解散校友会，成立报国

团等措施，但依然保留着尊重学生自主性的校风。丸田芳郎在校期间这种尊重自由的校风应该更加浓厚吧。丸田芳郎的朋友大泽好雄向警察的反抗就是这种校风的体现。

1934年（昭和九年）11月16日，昭和天皇赴群马县参加群马、埼玉、栃木三县的秋季陆军特别演习的阅兵，桐生高等工业学校举行了天皇欢迎仪式[59]。这时，丸田芳郎还在学校学习，于是以丸田芳郎为代表的三名同学有幸在天皇面前展示了化学实验[60]。

西田博太郎校长向昭和天皇汇报学校的应用化学专业情况的内容如下：

首先请您视察物理化学实验室，这里有23名学生正在做实验；其次请您视察平田老师的研究室；最后是岛田老师的橡胶室。感谢您在百忙之中莅临弊校，我诚惶诚恐。在第一间实验室，我们先向您汇报整体情况；后两间实验室，我们介绍两套代表性的实验设备。请您视察，望得到您的认可[61]。

丸田芳郎应该也在上面提到的这"23名学生"中。那时的天皇与现在不同，可以说是大大高于普通百姓的"现人神"般的存在。对于丸田芳郎来说，作为学生代表向天皇展示学习内容的机会加深了他的皇室崇敬思想，这种思想是在他从住在若宫时开始参拜佐良志奈神社和武水别神社以及后来在长野中学时唱歌和其他仪式活动中培养起来的。

另外，校内主要道路的硬化也是此次天皇行幸的准备工作之一，这项工作由高桑教授负责完成[62]。

应用化学专业的课程设置和丸田芳郎的专业方向

丸田芳郎学习的桐生高等工业学校应用化学专业分为3个方向，最初分为纤维化学和油脂化学方向，1932年3月在此基础上又增加了橡胶化学方向。第一学年学习基础课程，第二学年学习基础应用化学课程和稍带专业性的工业技术，第三学年学生选择自己的专业方向[63]。笔者查阅毕业生名册后，得知丸田芳郎选择的是纤维化学方向[64]。所以，后面讲到丸田芳郎在入学第三年的秋天参加纤维公司东洋人造纤维的入职考试也就不奇怪了。

丸田芳郎这一届学生，应用化学专业共有28名学生毕业。其中，纤维化学方向15名、油脂化学方向5名、橡胶化学方向8名。和丸田芳郎同年毕业的橡胶化学方向的和田英（毕业后进入东京工业大学学习，后任日本大学理工学部教授）是丸田芳郎的密友，他每年新年都会去丸田芳郎家拜访，直至丸田芳郎去世时的前两三年。当初，他也在入学誓词上签了字[65]。

注释：

1 此处关于丸田芳郎幼年、少年时期及其父母的叙述，据目黑工房（1972）《我走过的道路 20 人集》第 1 卷（现代信浓人物志刊行会）445—448 页、永川幸树（1989）《常住真实——惊异的花王跟着丸田芳郎学经营》（奈斯科 [日本映像出版]·文艺春秋）72—76 页、丸田芳郎（1992）《身心学道》（ＮＴＴ 出版）1—4 页、丸田芳郎纪念册刊行规划中心编（2007）《一心不乱——丸田芳郎的工作》（花王股份有限公司）30—46 页及丸田诚一提供的信息编写。

2 丸田诚一所述。

3 《会唱 < 信浓之国 > 理所当然？ 9 成居民会唱长野县歌，长野县歌影响依旧巨大》，源自《朝日新闻》2016 年 2 月 9 日晚报。

4 前述《我走过的道路 20 人集》第 1 卷 445—446 页。

5 前述《常住真实——惊异的花王跟着丸田芳郎学经营》75—76 页。

6 丸田诚一所述。

7 丸田诚一所述。

8 前述《我走过的道路 20 人集》第一卷 446 页。

9 此处关于《孝经》的内容，据加地伸行（2007）《孝经（全译注）》（讲谈社学术文库）25—28 页。

10 丸田诚一所述。

11 木塚英树（1988）《优秀经营者 21 人谈新时代精英的条件》（世界文化社）201 页。

12 前述《一心不乱——丸田芳郎的工作》243 页记载丸田芳郎生母于 1925 年（大正十四年）去世，但是位于川中岛唯念寺的丸田家墓碑记载的丸田芳郎生母的去世时间为 1923 年（大正十二年）2 月

25日。丸田祯正式嫁入丸田家的时间未得到确认，本书243页认为是1927年（昭和二年），但按照丸田诚一推论，丸田芳郎的生母去世后，上田的祯就来到了丸田家帮忙，慢慢地和丸田家的四个孩子越来越亲近，可能在丸田芳郎生母去世后的第二年（1924）就正式嫁到了丸田家。可能当从丸田诚一之推论。

13　丸田诚一所述。

14　丸田诚一所述。

15　长野高中80年史刊行会编（1980）《长野高中八十年史》（长野高等学校校友会）1—519页、长野高中校友会百年史编辑委员会编（1999）《长野高中百年史》（长野高等学校校友会）1—182页。

16　铁道省编（1930）《列车时刻表》第6卷第10号（日本旅行协会）188页。

17　前述《长野高中八十年史》282页。

18　前述《我走过的道路20人集》第1卷447页。

19　前述《常住真实——惊异的花王跟着丸田芳郎学经营》57—58页。

20　长野中学《校友会杂志》第34号（1928年12月）收录《会员名单》1页。

21　前述《会员名单》3—15页。

22　前述《长野高中八十年史》76—88页、前述《长野高中百年史》27—30页。

23　前述《长野高中八十年史》95—98页。

24　前述《一心不乱——丸田芳郎的工作》40页。当时的《校友会杂志》有各俱乐部的活动记录和游泳俱乐部的部员练习情况记录。但是，没有关于丸田芳郎的记录。

25　前述《长野高中八十年史》315页。

26　前述《长野高中八十年史》726页。

27　长野中学《校友会杂志》第35号（1929年12月）101—103页。

28　丸田诚一所述。

29　前述《长野高中八十年史》88—92页、192—194页，前述《长野高中百年史》29—30页、48—49页。

30　前述《长野高中八十年史》68—70页、前述《长野高中百年史》27—28页。

31　前述《长野高中八十年史》310—311页、前述《长野高中百年史》78页。

32　股份有限公司八十二银行编（1968）《八十二银行史》（同行）287—330页、股份有限公司八十二银行编（1983）《八十二银行五十年史》（同行）113—160页。

33　群马大学工学部75年史编纂委员会编（1990）《群马大学工学部75年史》（群马大学工学部）730页。

34　前述《八十二银行史》156—157页、305—307页，前述《八十二银行五十年史》35页、37页、134页。

35　前述《长野高中八十年史》282—284页。

36　前述《长野高中八十年史》954页。

37　前述《群马大学工学部75年史》28页。

38　来自对群马大学理工学部图书馆负责人的采访。

39　吉田善一郎编辑出版《桐生高工时报》第73号（1931年11月10日）1页。

40　岩本健二编（1965）《群马大学工学部五十年史》（群马大学工学部成立五十周年纪念会）62页、前述《群马大学工学部75年史》50页。

41　《机械专业宣誓册》（群马大学理工学部藏）。

42　前述《群马大学工学部75年史》73页。

43 同上。

44 桐生高等工业学校编（1936）《桐生高等工业学校一览昭和10年（1935年）—昭和11年（1936年）》166页。

45 前述《群马大学工学部75年史》730页。

46 前述《群马大学工学部75年史》731页。

47 同上。

48 前述《我走过的道路20人集》第1卷448页。

49 荻野圭三（2001）、平田文夫（1898—1969）日本化学会胶体界面化学分会编《日本胶体界面化学的发展》（日本化学会胶体界面化学分会）73页。

50 前述《群马大学工学部75年史》730页。

51 据原静冈县立大学经营信息学院教授、胶体化学研究者五岛绫子所述。

52 前述《我走过的道路20人集》第1卷448页。

53 前述《群马大学工学部75年史》76—77页。

54 前述《我走过的道路20人集》第1卷448页。

55 前述《我走过的道路20人集》第1卷449页。

56 1942年9月因服兵役提前从机械专业毕业，1980年6月—1984年6月任花王公司副社长。大泽好雄与丸田芳郎于战后的1949年左右在花王和歌山工厂因椰肉干榨油项目结识[据花王博物馆、资料室编（2012）《花王120年资料编》（花王股份有限公司）258—259页和大泽好雄提供的信息]。可参照本书第三部中大泽好雄讲述丸田芳郎的部分。

57 前述《群马大学工学部75年史》46—47页。

58 根据对大泽好雄的采访和前述《一心不乱——丸田芳郎的工作》52—54页编写。

59 桐生高等工业学校编（1935）《行幸纪念志》。
60 前述《一心不乱——丸田芳郎的工作》51—52页。
61 前述《行幸纪念志》87—88页。
62 前述《行幸纪念志》177—183页。
63 桐生高等工业学校编（1942）《桐生高等工业学校二十五年史》（桐生高等工业学校）588—589页。
64 前述《桐生高等工业学校二十五年史》991页。
65 据丸田诚一所述。

II 进入花王和初期的工作

1. 花王的发展史和丸田芳郎进入公司

花王的成立与丸田芳郎进入公司之前的公司产业

丸田芳郎结束了在桐生高等工业学校三年的学习之后,进入了花王石碱股份有限公司长濑商会,也就是现在的花王股份有限公司,然而,花王并不是丸田芳郎就职时的首选单位。他刚进入花王石碱时,公司还只是以生产香皂为主要产业,相关油脂制品的研究、开发和生产才刚刚开始。丸田芳郎承担了使公司由"花王石碱"发展为"花王"的重任。

公司名称"花王"来自日语中的"颜"(译者注:"花王"与"颜"的日语发音相同,"颜"在日语中的意思为"脸")1887年(明治二十年),长濑富郎创立了西洋日用百货商店——长濑商店。长濑商店是花王公司的前身,长濑富郎是花王公司的创始人。1890年(明治二十三年),刺激皮肤的劣质国产香皂横行市场，消费者渴望使用像进口香皂一样的优质国产香皂，即可以洗脸的香皂。为响应消费者的要求，长濑富郎开始出售花王香皂[1]。顺便提一句，长濑富郎原名叫长濑富二郎，与LION股份有限公司的创始人小林富次郎的名字只差一字，但读音相同。

1911年（明治四十四年），公司创始人长濑富郎去世，享年48岁。长濑富郎去世后，他的两位弟弟长濑祐三郎和长濑常一接管了商店的生产、经营和销售等各部门的工作。长濑富郎曾经尝试经营牙粉、化妆水等多种产品，而他的两位弟弟则以稳定香皂经营为宗旨，扩充香皂生产设备，为花王香皂打开市场。

在公司创始人长濑富郎去世后不久，长濑商店的经营组织形态发生变化，名称也改为"合资公司长濑商会"。长濑富郎的嫡子长濑富雄6岁时承袭了"二代富郎"的名号，成为公司的无限责任股东。1925年（大正十四年）3月，二代富郎从同志社大学退学，之后开始参与公司业务。同年5月，以二代富郎成年为契机，花王石碱股份有限公司长濑商会成立，并与原有合资公司长濑商会合并。从此，公司名称中加入了"花王"二字。

1927年（昭和二年）12月，花王石碱股份有限公司长濑商会董事代表长濑祐三郎卸任监事一职，二代富郎担任下一任总经理。二代富郎锐意进取，1927年4月至7月，任总经理前就赴南洋和澳大利亚考察，上任后的第二年6月至次年2月又赴欧美考察。回国后，二代富郎开始了一系列的改革。如：废除学徒制；重做预算；改革公司职制；重新制作广告；1931年3月，随着新包装的花王产品发售，进行了流通渠道改革和价格制度修订；不断丰富产品种类，例如，1932年7月发售花王香波；建立长濑香皂产业等。

1928年（昭和三年），公司发售了一项新产品——食用椰子油，命名"Econa"，其命名由Edible Coconut Oil of Nagase（长濑食用椰子油）缩写而成。1952年，也曾销售同名产品。1990年（平成二年），通过产品的更新，向市场销售家庭装的食用烹饪椰子油，使这一产品得到复活[2]。

1935年（昭和十年）3月，也就是丸田芳郎进入花王的前一个月，花王石碱不断增加生产香皂的原料——硬化油的工厂数量，同时不断进行扩张的吾嬬町工厂从公司分离，称为大日本油脂股份有限公司[3]。于是，花王成了双公司制，分为负责生产的大日本油脂股份有限公司和负责销售的花王石碱股份有限公司长濑商会股份有限公司。作为军需企业，随着政治环境的变化，花王承担的军需责任越来越大，因此1940年5月花

图-2 花王沿革图

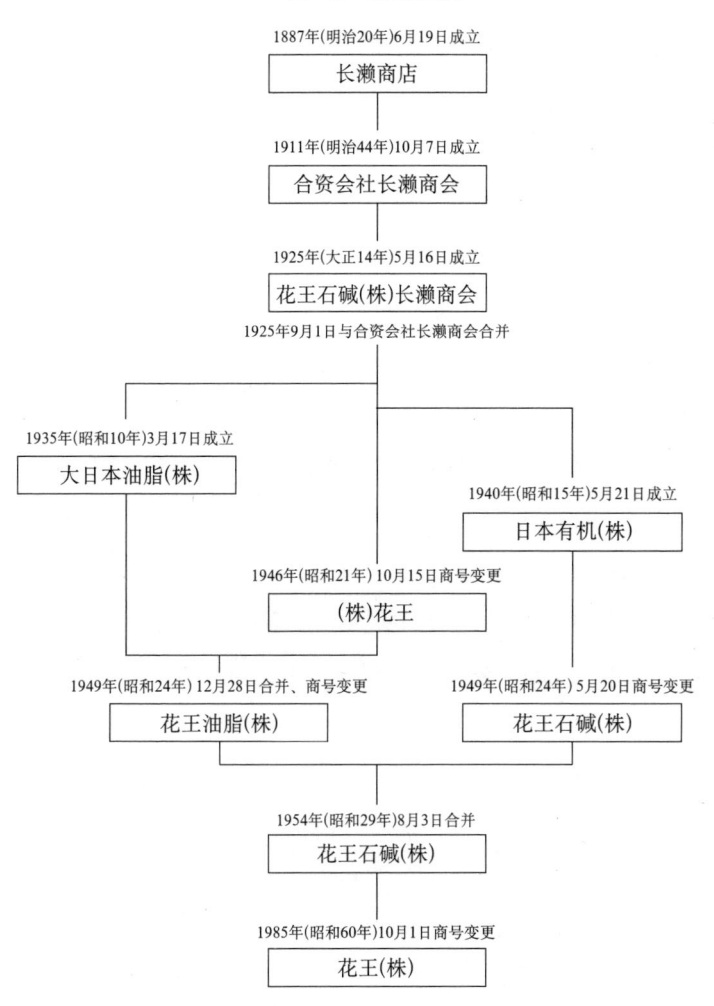

```
1887年(明治20年)6月19日成立
        ┌──────────┐
        │  长濑商店  │
        └──────────┘
             │
1911年(明治44年)10月7日成立
    ┌──────────────────┐
    │  合资会社长濑商会  │
    └──────────────────┘
             │
1925年(大正14年)5月16日成立
  ┌────────────────────────┐
  │  花王石碱(株)长濑商会   │
  └────────────────────────┘
1925年9月1日与合资会社长濑商会合并

1935年(昭和10年)3月17日成立
    ┌──────────────┐
    │ 大日本油脂(株) │
    └──────────────┘

                    1940年(昭和15年)5月21日成立
                        ┌──────────────┐
                        │  日本有机(株)  │
                        └──────────────┘

        1946年(昭和21年)10月15日商号变更
                ┌──────────┐
                │  (株)花王  │
                └──────────┘

1949年(昭和24年)12月28日合并、商号变更    1949年(昭和24年)5月20日商号变更
    ┌──────────────┐                    ┌──────────────┐
    │  花王油脂(株)  │                    │  花王石碱(株)  │
    └──────────────┘                    └──────────────┘

            1954年(昭和29年)8月3日合并
                ┌──────────────┐
                │  花王石碱(株)  │
                └──────────────┘
                       │
            1985年(昭和60年)10月1日商号变更
                    ┌────────┐
                    │ 花王(株) │
                    └────────┘
```

【资料来源】花王公司史编纂室编（1993）《花王史100年·年表/资料（1890—1990年）》（花王公司编纂室）240页、花王博物馆·资料室编（2012）《花王120年资料编》（花王博物馆·资料室）257页。

王与山形县酒田市的铁兴社共同出资成立了日本有机股份有限公司。花王成为三公司制，大日本油脂股份有限公司和日本有机股份有限公司均是花王石碱的子公司。

第二次世界大战后的1946年（昭和二十一年），大日本油脂股份有限公司的和歌山工厂因各种原因移交给了日本有机股份有限公司，这无疑增加了三个公司的独立性，花王成为三公司分立制。1949年（昭和二十四年）年12月花王石碱股份有限公司长濑商会经商号变更改称花王股份有限公司，并与大日本油脂股份有限公司合并为花王油脂股份有限公司。花王油脂股份有限公司与变更有机商号的花王石碱股份有限公司并列，花王又变为双公司制。1954年8月，这两个公司合并，花王又回归到创立之初的单公司制。

丸田芳郎进入公司时正值双公司制时期（花王石碱股份有限公司长濑商会与大日本油脂股份有限公司）。笔者查阅花王石碱股份有限公司长濑商会《昭和十一年上半年度在职员工工资表》，得知"丸田芳郎1935年（昭和十年）3月毕业于桐生高等工业学校应用化学专业（纤维化学方向），1935年（昭和十年）3月26日进入公司"。

大约五六年前，流行一时的电影《我大学毕业了，但……》（小津安二郎导演）标题就足以表现出当时就业之艰难，而相比之下，丸田芳郎毕业时，经济已经慢慢恢复了。纵观花王研究开发部门的历史，可知这一时期，公司重视自主研发、充实研发人员。其中研发人员以在斯坦福大学留学归国的川上八十太技师为代表（1926年进入公司），当年二代富郎赴海外考察时，他也曾一同前往。

进入公司的经过

丸田芳郎进入花王公司的经历可谓一波三折。1934年（昭和九年）的秋天丸田芳郎在桐生高等工业学校读三年级，东洋人造纤维公司的专务董事辛岛浅彦来到桐生高等工业学校做讲座。八年前，即1926年（大正十五年）8月，东洋人造纤维公司成立。从1925年的秋天开始，为保证技术人员数量，东洋人造纤维的前身三井物产决定录用7名将于1926年3月毕业的桐生高等工业学校和东京大学工学部的毕业生，并从中选取4人赴欧洲学习[4]。在人造纤维工业崛起的兴盛时期，桐生高等工业学校的毕业生在巩固公司的竞争优势上发挥了有力的作用。

辛岛专务董事来学校做讲座，经应用化学专业的系主任高桑藤代吉教授推荐，内定了成绩优异的丸田芳郎毕业后去东洋人造纤维公司就职[5]。但是，丸田芳郎去东京进行入职体检时，发烧39度,胸片显示肺浸润,体检不合格而被取消了内定。

回到桐生的丸田芳郎受到了恩师平田文夫老师的悉心照顾,每周四和周六平田老师都会请丸田芳郎到自己家里吃日式火锅。丸田芳郎也努力使自己康复,让自己的身体尽快好起来,最后终于痊愈了。可是这时与他同一届的27名应用化学专业的同学全部确定了工作单位,只有他一个人还不知道何去何从。他们的系主任高桑老师也替丸田芳郎着急,他建议道,"我女婿在花王石碱任研究所所长,你去那儿试试看吧"。丸田芳郎听从老师的建议参加了花王的入职考试,但是这次仍未被录用。

从参与此次花王入职考试的麦岛与[6]那里得知,1935年2月花王在各大学及高等专门学校中招聘,预计录用两名新员工。麦岛与还请母校桐生高等工业学校应用化学专业系主任高桑教授推荐了候选人。麦岛与就是前面说的高桑教授的女婿[7],也是丸田芳郎在桐生高等工业学校的学长(1926年毕业)。这次入职考试共有7人报名,其中京都大学2人、桐生高工2人、其他高工学校4人。川上八十太研究部部长负责课程测试,东京工业试验所的技术顾问外山修之博士负责学术咨询,副总经理山崎高晴(之前在阪急百货店工作)负责口头面试。虽然丸田芳郎课程测试成绩优异,但因面试成绩不好而未被采用。最终公司决定只录用米泽高工的一名应聘者，桐生高工的两名应聘者均不录用。之后，麦岛与向系主任高桑老师汇报具体情况，高桑老师对麦岛与说，"丸田芳郎是一个能胜任工作的有能力的人才，希望贵公司能给他一个试用的机会"。这样，公司决定录用丸田芳郎为临时员工[8]。

花王通知了丸田芳郎。但是面对花王决定的大转弯，丸田芳郎却不答应了，他想，"我才不去这破公司呢"。但是，高桑老师却三度把丸田芳郎叫进自己的研究室，苦口婆心地劝他[9]：

我这三年里教给你们的不是为了将来用在特定的某一地方某一专业，三年所学可以让你在任何工作岗位上都能成为一个优秀的人。若做僧人便可以成为高僧，若做农民便可以成为出色的农民，哪怕你只是一个小邮局的局长也能成为全国第一。工作不可以挑剔。

虽然丸田芳郎仍旧不情愿，但最终还是被高桑老师说服，进入花王石碱工作。最终，丸田芳郎也如高桑老师预料的那样，在自己的工作岗位上成了一个优秀的人，并且做出了卓越的贡献。不幸的是，1936年5月30日也就是丸田芳郎进入花王公司的第二年，高桑老师就去世了[10]，没能亲眼看到作为经营者的丸田芳郎绽放的光芒。

进入花王初期的工资

丸田芳郎刚进入花王的那段时间的工资是每月 55 日元[11]。当时是一个因毕业学校不同而毕业生初薪也有差距的时代[12]，花王亦是如此。根据毕业学校不同，毕业生初薪分为从 6 级到 16 级的 11 个等级。笔者参考丸田芳郎进入公司 3 年后的 1938 年的《工资内部规定》得知，丸田芳郎刚进入公司的工资相当于 11 级的水平。但是，这个级别工资的毕业学校并不包括官立高等工业学校，丸田芳郎的工资应该与包含官立高等工业学校这类学校的 13 级（65 日元）工资水平[13]相当。丸田芳郎的工资与 13 级工资产生 10 日元差距的原因并不明确，可能与录用经过有关，也可能是因为本书后文所说的丸田芳郎所遭到的扣薪处分有关。

2. 从研究室到生产现场

研究室的工作和当时的花王石碱

进入花王石碱股份有限公司长濑商会的丸田芳郎被分配到了位于马喰町的花王总部大楼四楼的研究部工作。研究部之前位于吾嬬町工厂（之后的东京工厂，现在的花王墨田事业部），1934 年（昭和九年）6 月迁往总部。研究部搬迁不是为了方便原料、中间产品和产品的分析，而是为了能够潜心科研[14]。1935年8月，在丸田芳郎进入公司的第5个月时他被调到了独立的工厂部门大日本油脂股份有限公司工作，该部门归属研究部。

硬化油，指的是硬化了的香皂原料。在低熔点常温下呈液态的油脂中加入氢使其成为高熔点常温下呈固态或半固态的油脂，硬化后的油脂作为香皂原料使用。受第一次世界大战的影响，日本因香皂原料——牛油的进口不足，1915年之后发展起了硬化油制造业。

花王石碱1927年（昭和二年）安装了硬化油制造设备，1934年硬化油生产工厂竣工。1935年10月成功生产出了由全合成硬化油制作的花王香皂[15]。

这期间公司也加大引进接受过高等教育的技术人员，1936年公司技术人员从1931年的22人增加到了39人。丸田芳郎也是在花王石碱和大日本油脂开展相关事业的划时代性的时期里进入公司的，并且后来成为重要技术人员之一。

1936年6月，研究部在总部留下研究分部后又迁回了工厂。次年10月，新研究部落成。研究部门并没有脱离制造部门而独立存在，研究课题均瞄准当时的新领域，如：椰子油的高压还原、利用高级醇制造合成洗涤剂、利用高压还原技术制造航空润滑油等。

川上八十太和研究课题

此时期的研究部致力于开发及测试新产品,非常忙碌,时任研究部部长的是川上八十太。川上八十太于1901年(明治三十四年)3月20日出生于大阪,比丸田芳郎年长13岁,毕业于东北帝国大学理科,1926年(大正十五年)3月2日进入花王石碱长濑商会,曾与二代富郎一同赴海外考察,赴美留学取得MA(Master of Arts)后回国。1935年3月也就是丸田芳郎进入公司时,川上八十太任大日本油脂董事兼技师长。

川上八十太给丸田芳郎的第一个研究课题是:清洁剂的清洁原理,硅石和沙的配合及其粒度和角度。这款家用清洁剂"home"也是二代富郎"建立长濑香皂产业"构想的一部分,产品于1935年6月发售,"洗碗!擦玻璃!去油污!只要15钱"是当时这款产品的海报文案[16]。

丸田芳郎后来评价作为一个研究者的川上八十太道[17]:

川上老师这时大约三十三四岁,年轻能干,对我们极其严格,但是心地特别好,对我们也非常亲切。完成工作或者研究成功时,老师会犒劳我们,经常带我们去银座的奥运中心和大森海岸。

我们每天都会在研究日志上记录研究进展，川上老师关于研究的方法和思路会给我们详细的指导，如果我们没有完成好各自的研究，就会受到川上老师严厉的批评，有时甚至是痛骂。不知道是幸运还是遗憾，我一次都没有被川上老师批评过，但是因为老师过于严厉而叫苦放弃的人却有不少。川上老师让我明白了现实社会研究与学校研究的区别之大。

通过这次研发"home"的经历和川上老师的指导，丸田芳郎切实感受到了将理论和实验阶段的研究成果以及产品结合起来是制造商研究部的重要任务。川上八十太是丸田芳郎继在长野中学和桐生高等工业学校的各位老师之后的工作岗位上的一位恩师。

执着科研和鉴赏艺术、读书

当然，丸田芳郎在公司里也不是没有犯过错误。进入公司后不久他就因为和制造部部长发生了冲突，受到了两年之内不予涨薪和不发放奖金的处分。本来研究部和手艺人众多的制造部门就经常产生冲突，耿直的丸田芳郎又不圆滑，因为对制造部部长直来直去、态度强硬因而受到了处分。丸田芳郎的直言不讳让周围人感到发怵，所以他与周围的人没有什么交流。但是这也让丸田芳郎有时间执着于自由的科研和培养艺术、读书等广泛的兴趣爱好[18]。

在早晨7点半至下午5点的正式工作时间之外，丸田芳郎还会加班继续搞科研。有时还会在自己的工作日之外替别人值班在公司待到天亮，在公司吃完单位提供的早饭后再回家。加班及夜班补贴每月最高10日元，另外加班时间可折算为公休日。

宽裕的经济条件和充足的时间给了丸田芳郎培养自己从学生时代就感兴趣的音乐和美术修养的机会。关于音乐，丸田芳郎说[19]：

> 我经常去听音乐会。那个时候NHK交响乐团还叫新交响乐团，约瑟夫·罗森斯托克为尚处摇篮期的乐团发展做出了巨大贡献。那个时候日比谷公会堂会定期举办音乐会，我每场必去。鲁宾斯坦、海菲兹（引者注：小提琴家）来日本的时候，我也都去听。鲁宾斯坦的钢琴独奏音乐会的门票是50日元，我一个月的工资才60日元左右，只靠工资肯定是不够的，所以我经常替新婚员工值班。一个晚上可以获得1日元50钱的报酬，而且值班期间还能搞研究（笑）。

约瑟夫·罗森斯托克（1895—1985）是出生于波兰的犹太人指挥家，他被纳粹驱逐出境。之后1936年（昭和十一年）8月，也就是丸田芳郎进入花王石碱的第二年，罗森斯托克受新交响乐团（之后的NHK交响乐团）的聘请来到了日本。在同年9月21日举办的欢迎演奏会上，罗森斯托克演奏了贝多芬的第三交响曲《英雄》、第四交响曲和《雷奥诺尔序曲第3号》。他指挥了1936年9月的第170场到1942年1月的第232场的全部定期音乐会。在罗森斯托克的严格指导下，新交响乐团的演奏技术明显提高，从古典音乐到现代音乐都有众多保留曲目[20]。罗森斯托克在演奏贝多芬的曲目时，丸田芳郎在桐生高等工业学校的恩师平田老师有时会到场，并且在演奏会结束后会与罗森斯托克热烈地交流音乐。但是，笔者不能确定平田老师是否参加了罗森斯托克来日本之初的欢迎演奏会。

丸田芳郎听这些音乐会的日比谷公会堂于1929年10月19日竣工。竣工后10天，就在此举办了荟萃世界工学者的万国工业会议和世界动力会议的开幕式[21]。第二次世界大战后的1960年以来，东京都又陆续建造了不少音乐厅，但在此之前日比谷公会堂是东京都内古典音乐的代表性音乐厅。

在音乐厅听国内外一流演奏家的现场演奏不仅加深了丸田芳郎对丰富的声音及由其组合成的复合音响的感悟，而且还让他看到了每位演奏家的不同风格，体会到了不同演奏家的不同人生，看到了因一位指挥家的加入而演奏实力不断提高的乐团，还有靠着人们的创造和协作增长的组织力。

多年后，丸田芳郎在和音乐家芥川也寸志的交谈中说，"那时听到好的音乐，就感觉整个人又精神满满一样，情绪高涨，听完演奏又充满了激情。回到公司，就会继续研究，继续投入到工作中。我现在还记得从音乐中获得的感动就像努力研究时的感动一样，特别强烈[22]。"对于当时的丸田芳郎来说，音乐鉴赏也大大促进了他的研究进展。

如今也有一个和第二次世界大战前的新交响乐团同名的交响乐团。这个交响乐团就是由上面提到的音乐家芥川也寸志于1956年创办的，虽然是一个业余交响乐团，但是已经得到了大家的广泛认可。

这一时期，丸田芳郎加深了在长野中学时代培养起来的对绘画的兴趣。他周日会去银座的日动画廊或者服部钟表店里的青树社欣赏绘画作品。除此之外，丸田芳郎读书的兴趣也日益高涨，他到处找书看，还会去丸善（译者注：全称丸善股份有限公司，是日本的书籍和办公用品等的销售公司，主要销售进口书籍）买外国资料和新书来看，工资的1/3都用在了买书上。音乐、绘画和读书让丸田芳郎有了丰富的创造力和过人的睿智，提高了丸田芳郎的素养和洞察力。

后来，丸田芳郎带着家人去听音乐会也是经常去听交响曲等由多种乐器演奏的音乐，很少去听室内乐[23]。

到生产现场工作和实际成绩

丸田芳郎进入公司还没有3个月的时候，用鱼油和蚕蛹油生产硬化油的生产部门委托他做一项分析。生产部门的负责人看完丸田芳郎的分析结果后，打电话告诉他分析结果有错误，耿直的丸田芳郎回应对方，"委托他人帮忙，不应该说这种话吧"。前面提到过，丸田芳郎之前也与其他的制造部部长发生过冲突，他对于失礼和毫无道理的说法从来都是给予严正回击。但是，事情过后丸田芳郎还是依次向生产部门的负责人说明了分析结果，对方还希望他能够到生产现场给予指导帮助[24]。

丸田芳郎过来之前，生产现场的工作基本都是由师傅们负责的。这样会产生许多问题，比如生产硬化油加氢时需要使用一种重要的镍催化剂，但是制造这种镍催化剂时最佳的氢气流温度却因负责师傅的不同而不同。丸田芳郎到生产现场之后，一边仔细研究催化剂，一边坚持收集还原过程的科学数据，力求实现生产现场的科学管理。这样大约3个月后，终于提升了生产工作的稳定性。

这是丸田芳郎从走出研究室后第一次到现场改进生产。这次经历对于弱冠之年的丸田芳郎来说，是他成为一个从研究开发、生产到销售全面兼顾的经营者的初期，一次重要的学习机遇。这次的实际成绩让清高孤傲的丸田芳郎也获得了周围人的认可与敬意。

失恋

丸田芳郎描绘的理想伴侣是像居里夫人一样，希望有一位秉气相投的研究者成为自己的伴侣[25]。在1936—1937年（昭和十一至十二年）的新员工中，丸田芳郎爱上了隔壁研究室的一位药学院毕业的女研究员，他甚至认为自己的结婚对象非她莫属。每天早晨，丸田芳郎都会躲在龟户站（日本国有铁路离东京工厂研究室最近的车站）的柱子后面，等着她下车。之后就在对方后面10米左右跟着，一直跟到公司。这引起了公司同事的传言，也有同事委婉地提醒他注意，但是丸田芳郎认为自己并没有什么错。

公司里的一位做话务员的女性告诉丸田芳郎这位女性已经有结婚对象了，对方是一位大学老师。丸田芳郎得知此事后内心受到了巨大的打击，三天没有来公司上班。他在心里发誓，"在内心坚强起来之前再也不相信女性"，甚至发誓"永不结婚"。

埋头研究的丸田芳郎遭遇这件事后，内心非常痛苦。在这一痛苦时期，古典音乐演奏等音乐在一定程度上抚平了他内心的伤痛。

丸田芳郎通过研究和艺术鉴赏实现了自我升华。

3. 与伊藤英三的相识

对丸田芳郎的关注

有一个人一直关注着丸田芳郎的工作状态，这个人就是伊藤英三。伊藤英三是花王创始人长濑富郎的弟弟长濑祐三郎的女儿秀子的丈夫。伊藤英三的父亲叫长濑清次郎，是长濑富郎大家族的一员，属于长濑家族位于柏原新田寿寿田屋的新田椎之木一脉。伊藤英三被神土的伊藤家收养，所以改姓伊藤。伊藤英三的妻子秀子是长濑富郎的侄女，和长濑富郎的嫡子二代富郎是堂兄妹。

伊藤英三的父亲长濑清次郎开了一家药店。也许受父亲的影响，伊藤英三进入了爱知药学校学习，并且取得了药剂师资格。1919年（大正八年）9月，伊藤英三从药学校毕业后，于同年11月进入了花王石碱长濑商会。丸田芳郎在硬化油制造方面初露头角时，伊藤英三正是工厂的经理[26]。

伊藤英三比丸田芳郎年长12岁左右，和丸田芳郎一样喜欢音乐、绘画和读书。在成为公司经理之前，伊藤英三还指挥过公司员工的合唱。受内村鉴三的影响，他信仰宗教。川上八十太与他几乎是同时代的，川上八十太从东北帝国大学毕业进入公司后，两人都执着科研，意气相投。伊藤英三参与了食用椰子油等众多新产品的研发工作。

赴京都帝国大学留学和信赖的朋友

丸田芳郎在公司内渐露锋芒，大家开始想推举他为工会代表，因为二代富郎的一些新举措带来了员工对工资待遇等的诸多不满。伊藤英三对丸田芳郎的评价很高，认为他有广阔的发展空间，所以伊藤英三不想让丸田芳郎卷入公司争斗中，目的是为公司发展培养人才[27]。

因为自己在硬化油生产设备工作上的实际业绩以及伊藤英三的安排，1936年（昭和十一年）4月，丸田芳郎赴京都帝国大学留学。这也是丸田芳郎自己期待的留学地。

丸田芳郎在京都帝国大学的研究室里埋头实验，一直到将近晚上12点。之后，他确立了油脂分析法制备醋酸酐和以吡啶为溶剂的OH价分析法。这个理论与实验结合的过程，对于丸田芳郎来说是"通过作为科学家应走的道路和实践学习到的宝贵业绩"[28]。

伊藤英三去京都出差时和丸田芳郎取得了联系，表示希望能和他在祇园畅谈。但是对于丸田芳郎来说，面对这样一个来自既不是顶头上司也不是亲朋好友的邀请，不知道该如何是好。

丸田芳郎甚至觉得伊藤英三既是二代富郎的亲戚又是公司董事，不免揣测伊藤英三此行的目的是不是要瓦解工会活动。然而，伊藤英三是一个秉持文化自由的人，厌恶权谋术数。而且在工会活动这件事上伊藤英三和丸田芳郎其实持相同态度，所以伊藤英三更不会考虑诸如瓦解工会活动之类的问题。

会餐开始，伊藤英三和丸田芳郎很快从公司状况谈到读书。正好丸田芳郎熟悉西田几多郎（译者注：1870—1945年。哲学家，京都大学教授，著有《善的研究》等）和寺田寅彦（译者注：1878—1935年。物理学者，随笔家。师从夏目漱石，留下许多随笔作品）这让二人有了共同话题，但是这次谈话丸田芳郎从始至终都很拘束。初次谈话后，爱读书的伊藤英三就开始反复读西田几多郎和寺田寅彦的作品，第二次交谈时他们就开始谈西田几多郎的《善的研究》、寺田寅彦的随笔和内村鉴三的思想了。丸田芳郎也向伊藤英三坦言了自己内心的猜疑与不信任，二人的误会消除，丸田芳郎对伊藤英三多了几分敬意。之后不管是公还是私，二人之间的期待与敬意都成为他们互相信赖的纽带。

丸田芳郎在京都帝国大学留学期间，他的恩师平田文夫老师也于1937年凭借"热塑性凝胶的刚性及其结构"的研究获得了京都帝国大学理学博士学位[29]。

开展研究与学会演讲

1938年（昭和十三年）3月，丸田芳郎结束了大约两年的进修，回到了花王研究所。这一年，花王的研究团队成功研发出了家用中性洗涤剂"Excelin"[30]。也是在这一年的11月，丸田芳郎成为硬化油工厂的主任，这时工厂的厂长是伊藤英三，丸田芳郎是他的直接下属。

丸田芳郎这时的研究课题是利用大豆、椰子、花生、沙丁鱼等原材料生产矿物用油，也就是把这些原材料完全看成一种新物质，将植物或鱼油硬化分解精制成脂肪酸，通过高压下的氢化反应合成石油烯烃。这项研究是之前丸田芳郎参加的硬化油研究的延伸，这次利用的原材料大豆、花生、沙丁鱼等在日本也都相对比较丰富。

1939年3月末，丸田芳郎证实了将脂肪酸、锌及氯化锌的混合物置于高压氢的环境中，在约300℃的高温条件下可以提高α烯烃的产量。而且以此为基础，以氯化铝为催化剂成功合成了航空润滑油。虽然此时美国已经有了通过不饱和烃的聚合反应生产航空润滑油的技术，但是丸田芳郎的制备方式与美国不同，具有很高的独创性。

但是，由于丸田芳郎的这项研究与当时花王的主打产品香皂和洗涤剂并无直接联系，因而他的研究在当时并未受到公司的关注。然而，花王公司之外的其他研究者却非常关注丸田芳郎的这项研究。

1939年（昭和十四年），丸田芳郎在于北海道大学召开的日本化学会上发表了此项研究成果。报告虽然不长，但是引起了大阪帝国大学校长兼理学部长真岛利行（1874—1962）的注意。丸田芳郎临走时，真岛利行对他说，"你的研究很出色。我会让我的学生野副铁男指导你发表论文"。这时的野副铁男（1902—1996）3年前刚刚获得大阪帝国大学理学博士学位，正是意气飞扬颇为得志的时候，丸田芳郎在他的指导下开始撰写论文。后来，野副铁男和丸田芳郎都被日本政府授予了文化勋章，都成了杰出的化学家。

1940年（昭和十五年），也就是皇纪2600年，花王公司包括高层在内的全体员工基本上都投入到了修养团的活动中，但是丸田芳郎却没有参加，研究之余仍然和以前一样欣赏音乐和美术，依然保持着自己清高孤傲的研究者形象。这个时期，日本全国都严格执行战时经济体制，花王也承担了作为军需企业的责任，丸田芳郎等的研究不仅获得了人们的注意，而且要求展开深入研究的呼声也很高。所以说，这类研究得以进一步深入除了是花王公司的方针要求外，还与当时日本的国策有关。

4. 航空润滑油的研究和事业化

禁止对日出口与润滑油研究的争议

丸田芳郎每天都研究到凌晨三四点,然后在实验室里打个盹,到早晨7点左右继续工作。1940年(昭和十五年)夏天的一个早晨,丸田芳郎醒来后看见报纸上关于"美国总统罗斯福宣布禁止向日本出口航空机用石油及废铁"的报道。直觉告诉丸田芳郎,"这一变化将产生重大影响,以后的日子不好过啊"。丸田芳郎看到此报道的具体时间不能确定,但是通过查阅这一时期报纸的相关报道,可以推断大约是在7月28日到8月1日[31]之间。

那时原材料油脂进口后是通过分配制分配的,现在又停止进口了,再者,只靠生产香皂和香波,公司的未来一定没有希望。丸田芳郎认为,为了公司能够获得长远发展,必须要着手研究航空润滑油的制造。他从说服工厂主任、股长开始,还拜访了他们的上司,也就是那位曾多次与他产生冲突的制造部部长。功夫不负有心人,不满足于只做香皂生产的年轻技术人员中也出现了赞同丸田芳郎提议的员工。最后制造部部长终于同意了丸田芳郎的提议,并且鼓励丸田芳郎既然做就要坚持到底。

但是，公司领导层中反对的声音依旧很强烈。理由有三：一是这是与花王一直以来的主要产业不同的全新领域；二是制造润滑油需要300个大气压的高压条件，风险很高；三是要想实现产业化需要投资巨额的设备。已升任要职的川上八十太虽然认可丸田芳郎的研究成果，但是他对未来工业化生产也持消极看法。大家对此事看法不一，莫衷一是，甚至为此事制造部部长还与公司领导层发生了冲突。

陆军的关注和润滑油的工业化

关于开展润滑油研究的争论并没有浇灭研究员的热情，最终有大约10人参与了丸田芳郎的研究。研究员们埋头苦干，其中西胁芳夫为了研究，在孩子重病甚至危及生命时都没有回家。丸田芳郎他们在研究之余，还会在周日等时间到公司主管经营的领导家中拜访，继续向其说明研究的重要性和意义，但是依旧没有得到领导的认可。

这时，陆军方面得到了丸田芳郎他们这项研究的消息，希望他们转让目前的技术、研究结论以及取得的23项专利，并由军方生产产品。虽然军方的要求并无不妥，但是对于丸田芳郎等研究者来说却不能接受，他们甚至想，"若不能我们亲自做研究，就辞职"。于是，他们去求了伊藤英三，唯一一个理解他们的人，这时他已经是公司的常务董事。

伊藤英三答应帮助他们并且鼓励他们说，"你们既然这么想，我就去试着帮你们周旋一下。不过话说回来，你们要自己做研究就一定要有始有终。你们是最棒的。"丸田芳郎、西胁芳夫和其他四个人（铃木正、野崎文雄、笹川正雄、北川达雄）听到伊藤英三这么说后，不禁欢呼雀跃。为了履行诺言，伊藤英三四处奔走，说服总经理二代富郎以及其他领导，使丸田芳郎团队能够继续亲自研究。

后来，丸田芳郎团队向陆军航空技术研究所提交了研究成果。1940年9月，丸田芳郎团队接到了军方"生产陆军航空机用润滑油"的秘密指示，这是一个巨大的鼓舞。同年10月，花王的领导制定了制造润滑油的方针。次年1月，公司成立了以总经理为首，由总经理、董事、部长、技术人员负责人组成的润滑油工业化协力委员会，建立了全公司推进润滑油生产的体制。

1941年6月，公司接到了陆军航空本部"审查结果，贵公司产品适合做航空发动机用润滑油"的通知。同年10月，公司接到了陆军航空本部制造研究航空润滑油的命令，大日本油脂的东京工厂是润滑油工厂第一期工程，建设目标是年产1000千升。为实现这一目标，公司接到命令后迅速投入到了准备材料、招募劳动力和机械制作等工作中。关于花王生产的自主性问题，花王与陆军进行了协商，结果是最初由花王独自开始生产，后面则按照军方要求进行。

和歌山工厂的建设和爆炸事故

1942年（昭和十七年）3月，公司接到了陆军航空本部第二次扩张工程的内部指示，内容是建设月产500千升的航空润滑油工厂。为了达到这一生产规模，除了东京工厂外必须还要有其他稳定的生产工厂。于是，1942年8月公司在和歌山收购了一块新工厂用地，面积134600余坪（译者注：1坪约为$3.306m^2$）。同年10月，开始了产业设备营团（藤原银次郎任总裁）的融资。伊藤英三任大日本油脂和歌山工厂的厂长兼建设部部长，督促工厂的建设。1944年11月末，和歌山工厂竣工[32]。

1943年（昭和十八年）12月，丸田芳郎因开发航空润滑油被授予了陆军技术有效章。次年1月，丸田芳郎成为大日本油脂董事。这是他进入公司的第9年，仅仅29岁。这时公司的总经理是长濑富郎，专务董事是长濑六郎（长濑常一之子，1927年毕业于东京高等工业应用化学专业，毕业后进入花王石碱），常务董事是伊藤英三和川上八十太。

1944年12月1日，花王技术团队开始了为期8天的试运转，成功合成了期望的润滑油，成果喜人。陆军得知试运转的结果后，以调查实验为目的，向和歌山工厂派遣了8名技术军官和64名学徒工试验"陆军燃料本部试运转方式"。陆军的试运转方式使用轻油而非油脂，另外由于战时物资紧张，氢价昂贵，陆军在反应塔密闭试验中使用空气而非氢。丸田芳郎的技术团队认为陆军的方式很危险，但迫于军方压力，他们只得按照军方的方式协助军方进行试运转。

12月26日，在使用空气的试运转中，反应塔下部发生了大爆炸。这次重大事故共造成13人死亡，其中2名陆军军官、1名加氢工厂主任技师、1名特务员长、1名普通员工、8名承包工人；另外造成49名军官、技师和普通员工不同程度受伤。如果按照花王公司丸田芳郎团队的主张，使用油脂和氢就不会造成这次事故的发生。但是，当时的事故过程报告书却只记载了"事故原因未明"。因为此次事故花王也负有责任，伊藤英三卸任和歌山工厂的厂长，丸田芳郎从技术部部长降至加氢科长。

航空润滑油开发的经过和意义

1943年9月至1944年8月的12个月内，东京工厂共生产了173吨航空润滑油，最高月产量达25吨。产量标准是，航空润滑油产量占原料原油量的33.8%。然而，由于制备氢的电解装置中必需的铜等原材料购买困难，再加上美军的空袭和机枪扫射，修理和歌山工厂由于爆炸事故损坏的反应塔并不容易。反应塔修理好后，1945年4月开始了高压加氢的试运转。到6月底，和歌山工厂虽然也生产出了数吨润滑油，但是距离全面运转还差很远[33]。

数年后，川上八十太回顾当时从第二次世界大战前到战时日本国内外航空润滑油情况和丸田芳郎团队从事航空润滑油研究、开发到工业化的经过，他说[34]：

当时受海军委托的永井雄三郎教授（东京大学附属航空研究所主任研究员）已经开始尝试利用动植物油的聚合脂肪酸经氢分解制造航空润滑油，其产品经海军检验合格后，海军命令日本油脂着手在大阪、尼崎建设工厂。陆军向日本油脂下达制造命令在海军之后。丸田芳郎改变自己的创意，不选大豆油加氢而是尝试了将硬化大豆油脂肪酸（工业用硬脂酸）矿物油化，最后以$Zn+ZnCl_2$为催化剂从硬化大豆油脂肪酸中得到了性能较好的矿物油，但是不能确定得到的矿物油的成分。当时的顾问、大阪大学教授村上增雄曾把得到的矿物油送至大阪大学分析，结果判断这种矿物油应该是烯烃。丸田芳郎的这项发明是划时代性的，京都大学的小田教授对此项技术赞不绝口。如果得到的矿物油中确实是烯烃,那么烯烃聚合制造润滑油的设想已被美国的沙利文的研究证实基本可行,而且在丸田芳郎的研究之前,沙利文已成功试生产。但是,为提高性能、简化工序和提高产品率,沙利文的技术仍需进一步的改进。丸田芳郎利用高度不饱和脂肪酸制备烯烃,再通过聚合反应制造润滑油就是一个解决方法。受海军染料厂技师饭牟礼博士的启发,丸田芳郎发明了加入少量萘使反应物发生共聚反应(使萘二烷基化或三烷基化)的技术(当时此技术为绝密事项,甚至对军方保密)。当时同时进行基础研究的稻村研究员也曾和现场的青年技术人员一起努力,为润滑油生产的半工业制造到工业制造废寝忘食。后来稻村离开花王以后,丸田芳郎更加辛苦,带领青年技术人员完成了工业化制造,又完成了建设和歌山工厂的伟大事业。伊藤副总经理始终如一的理解和支持、有才能的事务科员工的协助为润滑油生产提供了非常大的帮助。为了得到陆军上层的理解,永远忘不了笹岛从中周旋。丸田芳郎作为主任研究员带领的润滑油团队的成果激发了其他团队的研究热情,如:纪(庚烷、胺、蜡)、登和川合(石蜡酸化)、山本和佐野(有机合成、苯乙烯、山梨醇)等团队都不断地研发出杰出成果。

  航空润滑油的研究成为花王从单一的香皂生产扩大到更广阔的事业范围的契机,另一方面也是整个公司发展缓慢的主要原因。用后来丸田芳郎自己的话说,"即便是舍弃生产香皂必需的香料甚至其他的全部东西,也要一门心思地做润滑油。所以公司发展得并不是很好"[35]。

继母祯的去世和与母校平田老师的缘分

1942年(昭和十七年)5月25日,正好是公司决定建立和歌山工厂的时候,丸田芳郎的继母祯去世了。祯养育丸田芳郎长大,是丸田芳郎最信赖的可以谈心的人。丸田芳郎因祯的去世感到孤独悲伤,再加上投入到和歌山工厂建设的时间与精力,他已无余力,不得不暂时中断尚未完成的论文的撰写。

这期间,丸田芳郎在母校已经成为恩师平田老师向后辈树立的屈指可数的优秀毕业生榜样。1944年毕业于桐生工业专门学校(1944年3月桐生高等工业学校改称桐生工业专门学校)的加藤秋男说,"昭和十八年4月的课上,平田老师教导我们一定要成为像丸田芳郎前辈那样有积极性、创造力和责任感的技术人员。"[36]平田老师与丸田芳郎关系很亲近,因而平田老师对丸田芳郎的评价也许不完全客观,但至少反映了丸田芳郎在平田老师的眼里是一个专心研发并且积极地领导企业的值得学习的毕业生模范。

根据1944年3月的《学生全年动员实施纲要》要求,桐生工业专门学校除了课程内容外还必须参与战时增产。学生组成勤劳报国队赴各个工厂，9月教师确定了各自要去的公司。平田文夫老师被任命为丸田芳郎所在的大日本油脂和歌山工厂的报国队长（进行巡回授课等）[37]。这个工厂就是同年11月竣工，之后发生重大爆炸事故的工厂。平田老师到这里可能是因为其老家是和歌山县田边市，也可能是因为丸田芳郎在这里工作。不管怎样，在当时的战争环境下丸田芳郎与平田教授又能够继续交流信息与心得了。

空袭与对策

1944年11月，美国以塞班岛为基地向日本本土发起空袭，与香皂、油脂相关的工厂都受到了袭击。花王公司也受灾惨重，其中花王总部在1945年2月25日的空袭中罹灾，大日本油脂东京工厂、平井工厂、日暮里作业所和花王机械制作所平井工厂在同年3月10日的东京大空袭中罹灾，同年4月14日大日本油脂志村分工厂被全部烧毁，次日花王机械制作所蒲田工厂被全部烧毁[38]。

1942年2月，为响应战时军需物资增产的要求，花王扩充了工厂设备，新建了平井工厂，隶属大日本油脂。1943年12月被指定为海军监督工厂。

志村分工厂亦隶属于大日本油脂，是1943年12月公司收购了决定与东北油脂（1939年11月由花王石碱和龟井商店共同出资设立，位于日本宫城县盐釜市）合并的帝都涂料工业所（位于东京都板桥区志村清水町）后建立的。日暮里作业所是1940年5月在桑原花生堂的协助下作为生产花王石碱的雪花膏等产品的专属工厂而设立的，位于荒川区日暮里，原经营化学工业。随着战争局势恶化，民用物资生产难度增加，1941年7月日暮里作业所停止了原来的雪花膏生产。同年11月，日暮里作业所重新营业，作为大日本油脂日暮里作业所生产各种机用润滑油。

花王机械的前身是1943年3月长濑商会建立的三荣化学机械制作所，同年12月改称花王机械，建立的目的是实现公司机械技术的自给。花王机械除了专门负责蒲田工厂和平井工厂等花王公司各单位的各种机械制作之外，还为促进大日本油脂东京工厂的润滑油工厂和大日本油脂平井工厂的建设以及机械的向外调拨做出了贡献。

除了以上这些在东京附近的事业所之外，在东京大空袭发生4个月之后的7月9日和7月30日，和歌山工厂也受到了空袭。但是，丸田芳郎的机智使空袭对和歌山工厂的损失降到了最低。

在和歌山工厂遭受7月9日空袭的数日前，当时日本高松、德岛、松山及四国的县厅所在地也受到了空袭[39]。得知此消息后，丸田芳郎预感和歌山7月9日夜晚左右也会遭受空袭，于是他决定7月9日亲自值夜班。7月9日这一天，丸田芳郎全面巡视了工厂，让各部门做好应对空袭的准备，当时的贵重物品自行车也提前藏在了工厂的芋头地里。而且，丸田芳郎还让家中有病人或者待产的妻子的员工提前回家，其他员工留在工厂做安全员。因为丸田芳郎认识到，爆炸事故发生后伊藤英三离开了和歌山工厂，那么自己应该担任实际上的前线指挥，做好应对空袭的准备。

果然如丸田芳郎所料，7月9日晚上9点后，B29大编队飞至和歌山上空，空袭警报响彻四方。丸田芳郎指挥留在工厂的全部员工躲进防空壕里，严命员工在轰炸过程中任何人不得出防空壕。这次空袭投下了无数的燃烧弹，导致和歌山工厂的建筑物被烧毁，但是设备和机械只是轻微破坏，而且无一人损伤，自行车也没有受到破坏。

7月30日的空袭也大致如此，丸田芳郎的准确预测和提前准备的对策应对空袭十分有效。

根据《工厂防谍强化纲要》，花王各工厂从1945年4月开始使用通称号。例如：大日本油脂东京工厂改称皇国第3027

工厂，和歌山工厂改称神武第7425工厂等。根据防空法，也强化了工厂的疏散系统。但是，以上的计划还没有实施，各工厂就遭到了空袭。当时，与花王相关的各公司的工厂中，在空袭中唯一幸免的只有日本有机的酒田工厂（扶桑第1019工厂）[40]。

离开和歌山工厂后的伊藤英三成为公司日本东北地区的经理，负责把东京工厂和平井工厂的设备迁到酒田工厂，人们称他"搬迁专家"。后来，1945年3月伊藤英三和家人回到了自己的老家岐阜县中津川市[41]。

注释：

1 此处关于二代富郎参与经营前的内容根据日本经营史研究所编（1993）《花王史100年》（花王股份有限公司）16—119页、花王博物馆·资料室编（2012）《花王120年资料编》（花王股份有限公司）22—102页等资料编写。

2 然而，有些论文怀疑本产品安全性，尽管本产品造成实际损害的可能性很低，公司依旧接纳了这些论文的意见，于2009年（平成21年）主动召回了本产品。关于此内容，本书后面有叙。

3 前述《花王120年》99—100页。

4 日本经营史研究所编（1997）《东洋人造纤维公司70年史》（东洋人造纤维公司）28页。

5 若无特别说明，关于丸田芳郎进入花王的内容均根据永川幸树（1989）《常住真实——惊异的花王跟着丸田芳郎学经营》（奈斯科[日本映像出版]·文艺春秋）57—62页、目黑工房（1972）《我走过的道路20人集》第一卷（现代信浓人物志刊行会）449—451页、丸田芳郎纪念册刊行规划中心编《一心不乱——丸田芳郎的工作》（花王股份有限公司）57—60页等资料编写。

6 麦岛与在中等学校任教师后进入东京工业大学应用化学专业学习，1932年从该学校毕业后进入日本MIYOSHI油脂工作，1934年5月进入花王石碱东京工厂研究部[《与花王在一起》编纂委员会编（1972）、《与花王在一起》（花王会）272页、同委员会编（1981）《与花王在一起第三卷》（花王会）243—248页]。

7 丸田芳郎（1984）《我的人生观我的经营观续》（第2次印刷）（花王石碱股份有限公司宣传部）281页。

8 前述《与花王在一起》275—276页。

9 前述《我走过的道路20人集》第一卷449—450页。

10 前述《与花王在一起第三卷》246页。

11 花王股份有限公司公司内部史料《昭和十一年上半年度在职员工工资表》丸田芳郎部分。

12 1930年左右三菱合资会社各单位正式员工的初薪分为75日元（东京帝国大学、京都帝国大学、东北帝国大学、九州帝国大学、东京商科大学、神户高等商业学校、东京及所有地方高等工业学校、庆应大学、早稻田大学）和65日元（所有地方高等商业学校、明治大学、法政大学、中央大学、其他根据大学令建立的私立大学、成蹊实业专门学校）[间宏监修（1990）《日本劳务管理史资料集》第一期第九卷《企业与学历》（修订版第二次印刷）（五山堂）释解11页]。（译注：大学令：1918年就官办、公立和私立大学事宜发布的敕令。大学令规定了其办学宗旨、组织结构和监督体制，1947年颁布学校教育法后废止。)

13　川口浩编《大学的社会经济史》(创文社)收录的佐佐木聪(2000)《从花王看二战前职员的高学历化》。

14　此处关于研究、开发的内容根据前述《花王史100年》132—135页及前述《花王120年》112—113页编写。

15　小林良正、服部之总(1940年)《花王石碱五十年史》(花王石碱五十年史编纂委员会)691—718页。

16　此处关于研究部的内容根据川上八十太略传刊行会编(1983)《略传川上八十太和光与影》(川上精细化学制品股份有限公司)387—388页、前述《一心不乱——丸田芳郎的工作》60—67页、前述《花王史100年》106页、城山三郎(1981)《男性经营》(角川文库)95—98页等资料编写。

17　前述《略传川上八十太和光与影》387—388页、前述《一心不乱——丸田芳郎的工作》61—62页。

18　若无特别说明，关于丸田芳郎从研究室到生产现场的内容根据前述《我走过的道路20人集》第一卷450—451页、前述《常住真实——惊异的花王跟着丸田芳郎学经营》63—65页、前述《一心不乱——丸田芳郎的工作》66—68页、前述《男性经营》95—97页等资料编写。

19　城山三郎(1983)《怎样成为商业精英》(讲谈社文库)126—127页。

20　此处关于罗森斯托克和新交响乐团的内容根据野崎正俊(2010)《指挥日本乐团的世界音乐大师列传》(艺术现代社)38—41页等资料编写。

21　关于万国工业会议和世界动力会议的举办经过及其概要可参考日刊工业新闻社(1930)《万国工业会议和世界动力会议全记录》(日刊

工业新闻社)、佐佐木聪(1998)《科学管理法在日本的开展》(有斐阁)143—144页等资料。

22 丸田芳郎(1988)《心的时代(访谈)重看日本文化》(日本经济新闻社)75—76页。

23 丸田诚一夫人角子所述。

24 此处关于丸田芳郎在生产现场工作的实际成绩的内容根据前述《一心不乱——丸田芳郎的工作》68—71页编写。

25 此处关于丸田芳郎失恋的内容根据前述《我的人生观我的经营观续》(第二次印刷)270—274页编写。

26 此处关于伊藤英三的内容根据落合茂(1973)《伊藤英三——其人及贡献》(花王石碱股份有限公司)、城山三郎(1982)《梅香人心——伊藤英三传》(讲谈社文库)、前述《一心不乱——丸田芳郎的工作》71—74页等资料编写。

27 此处关于伊藤英三和丸田芳郎在京都帝国大学留学及关于研究开发Excelin的内容根据前述《梅香人心——伊藤英三传》52—57页、丸田芳郎(1992)《身心学道》(NTT出版)5页、前述《一心不乱——丸田芳郎的工作》71—77页等资料编写。

28 前述《身心学道》5页。

29 前述平田文夫(1898—1969年)日本化学会胶体界面化学分会编《日本胶体界面化学的发展》73页。

30 此处关于研究、开发的内容根据前述《怎样成为商业精英》126—128页、前述《我走过的道路20人集》第一卷450—453页、前述《一心不乱——丸田芳郎的工作》74—80页和244—246页、吉田时雄(1993)《丸田芳郎勇者的经营》(TBS百科全书)19—27页、花王石碱70年史编辑室编(1960)《花王石碱70年史》(花王石碱股份有限公司)130—149页等资料编写。

31 以下关于禁止对日出口和致力于航空润滑油研发的内容根据《怎样成为商业精英》127—128页、前述《我走过的道路20人集》第一卷451—456页、前述《男性经营》111—140页、前述《一心不乱——丸田芳郎的工作》78—90页和245—248页、前述《花王石碱70年史》130—149页等资料编写。

前述《一心不乱——丸田芳郎的工作》78页中提到丸田芳郎看到"禁止对日出口"的报道的时间是"1940年7月的一个早晨",本书245页认为是"7月26日的报道"。这个时间前后的1940年6月到8月的报纸中,《读卖新闻》1940年6月29日(晚刊)、1940年7月28日(朝刊)、1940年8月1日(朝刊)和1940年8月3日(朝刊)中均有关于禁止向日本出口航空机用石油的报道,《朝日新闻》1940年6月9日有禁止向日本出口机床的相关报道。其中1940年7月28日的《读卖新闻》(晚刊)有这样一则报道,"美国总统罗斯福宣布废铁及石油在(作者笔误,此处从原文)允许输出产品之列,这一消息给中国带来了巨大震动。27日早晨的中国报纸刊登了华盛顿电报,并发表社论。重庆当局暂未对此作任何表态,但中国各界认为罗斯福总统对日本接近德意轴心和积极地向东南亚进军感到担心而采取了此政策以牵制日本,此政策与美国的对日强硬姿态一致,一向屡次请求美国坚决禁止对日出口的重庆当局对此次美国总统令感到欢喜"。1940年8月1日的《读卖新闻》(朝刊)也有一则7月31日发表的小报道,"罗斯福总统31日宣布'禁止向西半球各国以外的其他国家出口航空用汽油'"。另外,1941年8月美国完全停止了对日石油出口。(译注:作者笔误处,应为"不在"。)

32 和歌山工厂和爆炸事故的相关内容根据前述《我走过的道路20人集》第一卷453—456页、前述《一心不乱——丸田芳郎的工作》

81—90页、前述《丸田芳郎勇者的经营》12—27页、前述《花王120年》118—121页等资料编写。

33 前述《我走过的道路20人集》第一卷454页、前述《与花王在一起》35—36页。

34 前述《花王石碱70年史》194—195页、《与花王在一起》编纂委员会编（1973）《与花王在一起续》（花王会）265—266页。

35 前述《怎样成为商业精英》128页。

36 加藤秋男（2005）《特辑——向母校90周年献礼为油脂事业贡献一生的两名前辈》，见于《群马大学工业会报》总133号（群马大学工业会）22页。

37 群马大学工学部75年史编纂委员会编（1990）《群马大学工学部75年史》（群马大学工学部）113—114页。

38 此处关于战争灾害和各工厂的内容根据前述《花王石碱70年史》161—166页、前述《花王史100年》148—162页、前述《一心不乱——丸田芳郎的工作》87—90页编写。

39 此处关于和歌山工厂遭受空袭及其对策的内容根据前述《一心不乱——丸田芳郎的工作》88—90页、《花王史100年》162—164页。

40 前述《花王石碱70年史》198—224页。

41 前述《伊藤英三——其人及贡献》117—118页、前述《男性经营》143—144页、前述《梅香人心——伊藤英三传》92—111页。

Ⅲ 战后复兴和构筑新发展的基盘

1. 战后的花王和工厂重建

停战和美军进驻

1945年（昭和二十年）8月15日，昭和天皇向全体日本国民发表了玉音放送（译者注：指日本天皇亲自发表的广播讲话。一般指1945年8月15日，昭和天皇向日本国民报告战争结束的投降诏书的无线电广播讲话）。丸田芳郎在和歌山工厂听天皇广播。同年9月3日，丸田芳郎被任命为和歌山工厂的厂长。战争结束前丸田芳郎就作为领导带领员工工作，而战后作为厂长承担着重建大任，被大家寄予了更深厚的期待。从同年9月25日也就是丸田芳郎就任厂长大约三周后开始，美军登陆和歌山，接管住友金属与大日本油脂和歌山工厂等单位[1]。

丸田芳郎记得当时先到的是工兵连队，他们架通信线路、修理桥梁，后来又不断地运来物资。直到半夜穿着作战服端着卡宾枪的美国士兵还在工厂四处巡视，好像不知道什么时候会发生什么事一样，这是美军进驻的第一天的情形，在这种气氛下丸田芳郎一夜未眠。不过后来也就慢慢习惯了，有时士兵还会把运来的物资中的外国香烟或培根罐头等食品，分一些给丸田芳郎等人。

另一方面，美军进驻后丸田芳郎也解放出来了。丸田芳郎心思一转，"既然如此，那就重新开始学习吧"，然后便重新开始勤奋学习，那时没有灯火管制，他的芦边宿舍经常彻夜通明。这时，丸田芳郎完成论文的想法也越来越强烈，这篇论文的写作至此已两度被迫中止，先是因继母去世中断，后来临近完成时又在空袭中被烧毁[2]。

然而第二次世界大战刚结束时，因为伊藤英三不在，丸田芳郎是和歌山工厂的唯一领导，实际上也并没有太多的时间能够专心撰写论文。

和歌山工厂的经营转让和向民用生产的转换

1946年（昭和二十一年）3月，大日本油脂接到了"将和歌山工厂保持工厂原貌不变交付产业设备营团并进行清算"的通知，之后大日本油脂提交了航空润滑油制造设备交付文件。在美军驻扎期间，和歌山工厂开始了香皂、油脂、涂料等民用物品的生产计划，而且得到了GHQ[译者注：第二次世界大战结束后，美国麦克阿瑟将军以"驻日盟军总司令"名义在日本东京建立的盟军最高司令官总司令部（General Headquarters），在日本通称为"CHQ"]的许可。其中，最令人期待的是硫酸铵肥料的生产。原定从住友化学引进生产硫酸铵肥料的技术，但由于日本商工省（译者注：今日本通商产业省）的方针和日产化学的推动，最终和歌山工厂与日产化学共同建立了肥料公司，着手硫酸铵肥料的生产。

以获得GHQ许可为契机，和歌山工厂的经营转让给了1946年6月末以来一直负责和歌山工厂管理的日本有机。

但是，同年10月GHQ取消了被大家期待的与日产化学的合作许可。和歌山工厂反应塔二基12月被认定为密闭设备，所有权从产业设备营团移出，密闭设备整理委员会把反应塔卖给了日产化学，安装在了该公司的富山工厂中。

为生产航空润滑油而建立的和歌山工厂，要实现向需求量巨大的香皂生产转换并不容易。因为在分配制下难以保证原料供给，所以生产没有实际成绩。再加上主要设备被拆毁或拆除，生产转换就变得更加困难。

这种情况下丸田芳郎不得不着手削减工厂人员，虽然从

1000多名员工中裁去部分人员让丸田芳郎感到万分伤痛。丸田芳郎这样回顾当时的情况[3]：

> 我果断决定裁员。首先裁本地员工，因为相对来讲裁员对本地员工带来的影响少一点儿。第一次裁员400人，第二次裁员200人。为此，我半夜还受到过"拿命来"的威胁，最终总算完成了裁员。但是，裁员期间我努力不让研究员和技术人员流失，他们后来起到了很大作用。那么靠什么养活剩下的400人呢？我甚至想过用冷冻机做冰棍，然后骑自行车去卖。我们用废油制简易蜡烛；用剩下的木材做门窗隔扇；用海水晒盐。我们把剩下的材料集中起来，做润肤霜、黑色染发剂甚至灭鼠药。我们甚至卖过南瓜酱，就是南瓜里加上甜精制成的酱。

丸田芳郎上面提到的这些随机应变生产的民用产品还有很多。和歌山市海港的海港分工厂除了用军方分配的库存木材制作门窗隔扇外，还制作了各种木工艺品。他们制造的椰子油味的香皂因为稀有也很畅销。他们还生产牙膏、鞋油、脱毛膏、发蜡、酵母等。后来，纪阳木工继承了该工厂。小杂贺工厂（后改称海草桥分工厂，1950年6月关闭）除了生产米糠外，在丸田芳郎的记忆中该工厂还生产过冰棍等。该工厂在第二次世界大战结束3个月时收购了和歌山市吹屋町竹中制油遭受战争灾害的工厂。

和歌山工厂的经营权转让使日本有机公司硫酸铵肥料的相关生产受挫，油脂设备用来进行油脂榨油、精制、硬化等各项作业，生产脂肪酸、甘油、香皂、食用油等，特殊聚合和石油精制设备等其他设备则用于生产化妆品和药品。和歌山工厂能够顺利转型适应时代也得益于丸田芳郎当初裁员时保留了研究开发人员。

经营权转让给日本有机后的1946年8月，和歌山和酒田两个工厂就设立了研究室。和歌山工厂在丸田芳郎厂长的带领下开始致力于产品分析和海外文献等信息收集。和歌山工厂以研究人员为基石，渐渐地做好了从原料到成品一条龙生产香皂和油脂的准备。

三公司分立体制的开始和伊藤英三的回归

1946年（昭和二十一年）8月，也就是和歌山工厂的经营权转让给日本有机之后的两个月，花王石碱股份有限公司长濑商会、大日本油脂股份有限公司和日本油脂股份有限公司这三家公司开启了以各自独立自主经营为目的新经营体制。花王石碱股份有限公司放弃控股公司的地位，成为销售公司。这三家公司各自的体制分别如下：

花王石碱股份有限公司长濑商会（销售、总部）总经理长

濑富郎

大日本油脂股份有限公司（东京工厂）总经理长濑六郎

日本有机股份有限公司（和歌山工厂、酒田工厂）总经理伊藤英三

前面提到了第二次世界大战结束后伊藤英三回到了他的老家岐阜县中津川市生活。中津川市是日本古代中山道的驿站城市，位于惠那山的山脚下，现在作为超导磁悬浮列车铁道线上的重要站点受人瞩目。伊藤英三决定在山里的福冈村（现属中津川市）过隐居生活。这个福冈村也是花王创始人长濑富郎的故乡，现在依然在经营酿酒业。

然而安静的生活并没有持续下去，不久之后伊藤英三被选中并任命为三家公司中前途最不光明的日本有机的总经理。伊藤英三最初并没有接受花王领导层的请求，后来丸田芳郎和西胁芳夫等人亲自到伊藤英三的家中拜访，恳请他掌舵和歌山工厂。丸田芳郎等人带着和歌山工厂年轻的技术团队希望伊藤英三回归的心愿，不断向伊藤英三鞠躬。面对丸田芳郎等人满腔热情的邀请，伊藤英三于1946年7月就任隶属于日本有机的和歌山工厂总经理。另外，丸田芳郎和西胁芳夫分别任专务董事和常务董事。这样，和歌山工厂建设时期的"伊藤丸田"组合复活了。这时，丸田芳郎31岁。

开始实行三公司分立体制时，根据《会社经理应急措施法》（1946年8月15日实施），花王石碱股份有限公司长濑商会和大日本油脂股份有限公司两个公司被指定为特别经理公司。公司整理了战争期间政府约定的补偿100%纳税（这样一来，实际上相当于战时补偿中断）和国外资产损失等特殊损失后，申请了企业重建调整计划并且得以实行。1946年10月15日，也就是花王石碱股份有限公司长濑商会被指定为特别经理会社后的两个月商号变更为花王股份有限公司。之前日本有机的和歌山工厂的所有权转至了密闭设备整理委员会，1948年10月，在企业重建调整过程中密闭设备整理委员会决定将和歌山工厂的所有权再出售给日本有机。通过与以富士银行为首的五个银行的合作融资和三次资本增加，日本有机一步步地推进重建计划。在资本增加的过程中，公司也慢慢地推进员工和相关人员的股票公开。

青霉素的制造和香皂、可塑剂的生产

1947年，也就是伊藤英三回归并就任日本有机总经理的第二年和歌山工厂开始制造青霉素。在数十家公司的制造计划中，日本有机的制法独具特色。其他公司是以培养基中的高价蛋白胨等为原料，而日本有机以生产米糠油时的副产品酒糟和生产维生素的副产品脱脂鱼油肝脏为原料，采用罐培养法进行批量生产。这种制法的研究在东京大学附属传染病研究所（现在的医学研究所，1947年该所设立国立预防卫生研究所）的梅沢滨夫博士指导下开展，同年6月开始生产，次年6月开始以"青霉素花王"的名称销售。但是，1949年2月2日青霉素生产设备由于火灾全部毁坏。

当时和歌山工厂正在摸索花王重建的亮点产品，如果不是这场火灾导致生产设备全部丧失，青霉素有可能成为当时花王的主力产品[4]。

另一方面，根据1949年5月实施的香皂配售规定，当时实行的是预约订货制（票证制），也就是向消费者、注册零售店、注册批发店和制造商收集票证，然后按票分配原料。这种制度下，花王收集到了大量的票证，和歌山工厂也以洗衣皂为中心真正地向一直为之准备的香皂事业进军，1950年4月发售了"花王home"。

但是，香皂事业慢慢地已经不再是日本有机的主力事业了。高压还原技术成了日本有机的另一个新方向。本书前文提到过和歌山工厂在失去高压塔二基后灵活运用小型设备进行各种高压还原，1949年10月建成了新的高压工厂。这座新高压工厂开始通过高压还原椰子油制造高级醇（碳原子数为6以上的一元醇的总称，"高级"非"上等"之意），并且还开始生产表面活性剂和聚氯乙烯可塑剂。实际上公司早在3年前就生产过表面活性剂，1946年，公司开始生产阴离子活性剂"PELEX NB"作为纤维工业用辅助剂，之后又发售了"EMAL40糊"和非离子活性剂"EMULGEN"系列等。

丸田芳郎以起到重大作用的研究、开发人员为基盘，让和歌山工厂率先开始走上了综合油脂化学产业的道路。

日本有机的名称变更和花王油脂的成立

这段时期，日本有机因资金困难也进行了本书前面提到的人员调整。为了使经营协调开展，以伊藤英三和丸田芳郎为代表的经营团队和工会进行了深入协商，互相了解了对方的立场。日本有机1948年10月增资500万日元，第二次增资是在次年2月，增资2000万日元。1949年5月决议进行第三次增资的同时将公司名称变更为花王石碱股份有限公司。公司更名后，丸田芳郎继续任专务董事。同年8月进行的第三次增资使公司资本由2000万日元增加到6000万日元。增加的资本用于和歌山和酒田两个工厂的油脂加工部门的扩充和维护等。

日本有机第三次增资后的1949年12月，花王股份有限公司和大日本油脂合并为花王油脂股份有限公司。自此，花王公司的体制就变成了包含以东京工厂为中心的花王油脂与以和歌山、酒田两工厂为主的花王石碱的双公司制。

2. 丸田芳郎的再出发

结婚

丸田芳郎被委以战后重建和歌山工厂的重任，这一时期丸田芳郎的个人生活也迎来了一个新的阶段。

1947年（昭和二十二年）8月24日，丸田芳郎与长野市栗田地主仓石佐兵卫的长女厚子见面，同年12月1日举行了婚礼[5]。

厚子1923年（大正十二年）2月20日出生，比丸田芳郎小8岁。厚子有3个弟弟和1个妹妹。大弟庆次郎继承了家里的不动产，二弟文雄在老家的田圃开了一家医院，三弟公雄任这家医院的事务长，从长野站东口步行15分钟左右就能到这家医院。

厚子毕业于当地的长野高等女学校（今长野西高等学校）。该校1896年（明治二十九年）创立，时称长野町立长野高等女学校，次年改称长野市立长野高等女学校，1948年（昭和二十三年）改称长野县（无"立"字）长野西高等学校。现在学校位于箱清水的校舍是1902年（明治三十五年）修建的[6]。后来厚子和她的孩子们说，"那时每天上学都是走到善光寺附近"[7]。

笔者重走了厚子当初的上学路线，但是与厚子实际的上学路线可能不完全一致。从栗田医院出发沿东大街步行至七濑南部十字路口，然后左转穿过铁路地道至善光寺侧，再从善光寺左侧的坡道到汤福神社旁边的坡道到达长野西高校（今男女同校），全程步行大约50分钟。选择步行是按照厚子不乘坐从长野站到善光寺站的长野电铁的电车（现在为地铁）设想的。顺便提一下，从长野西高校步行至丸田芳郎母校当时的旧制长野中学旧址附近只需大约16分钟。也许是缘分，厚子和丸田芳郎的学校离得很近。

那时，丸田芳郎的弟弟们都结婚了。丸田芳郎受本书前面提到的失恋的打击，决心"永不结婚"，埋头研究和工作，不知不觉十年过去了。单身的丸田芳郎太热衷于工作，有时甚至拉着已有妻室的部下工作至深夜，以伊藤英三为首的公司领导甚至都在操心丸田芳郎的婚姻问题。丸田芳郎的父亲丸田芳三也操心丸田芳郎的婚姻大事，他给总经理伊藤英三写了信，不久又送过来了三张女性的照片。这三位女性都是长野周边的人。

伊藤英三命令丸田芳郎的同事西胁芳夫带着丸田芳郎去相

亲。西胁芳夫带着丸田芳郎乘夜行火车去了长野。不过，也有人认为西胁芳夫此行是为了去当地了解三位备选女性的情况[8]。不过，按照丸田芳郎自己的回忆情况是这样的[9]：

我们逐一找到这三位女性的家，先是西胁芳夫装作若无其事的样子接近，然后他给远处的我发信号。我在栗田的神社里啃水蜜桃，虽然西胁芳夫给我暗示了时间会比较长，但是等到最后只剩下我一个人了。

在这之后，丸田芳郎从这三位女性中选择了一位，让堂兄丸田茂（后任日兴投信信托顾问）陪自己与女方正式见面。然而，前几天小偷把丸田芳郎的西装偷走了。与女方见面那天不讲究穿着的丸田芳郎穿着一身藏青哔叽服装、一双军队里的系带高腰皮靴就去了，胡子拉碴的，腰里还别着一块布手巾坐在女方家里的壁龛前。而和他一起来的堂兄丸田茂穿着一席白色麻料服装，还带着一个领结。以至于出来照顾客人的厚子看到他们后在厨房问母亲，"他们两个谁是我的结婚对象？"

最后，厚子选择了坐在壁龛前的丸田芳郎。与丸田芳郎见面之前，厚子一直在娘家帮家人料理家务[10]。后来，丸田芳郎与厚子在媒人伊藤英三夫妇的见证下举行了婚礼，在和歌山安了家。这时丸田芳郎32岁，厚子23岁。

丸田芳郎的婚房在纪州德川十代藩主德川治保从1818

养翠园内养翠亭正房（笔者摄）

从养翠亭正房眺望整个庭院和池塘（笔者摄）

年（文政元年）历经8年兴建的大庭园里。这座庭园是日本国家级指定文化遗产名胜之一，被称为"养翠园"。庭园面积33000平方米，长满了郁郁葱葱的松树。据园主藤井清所说，因各种原因，1934年（昭和九年）藤井家从德川家手里买下了这座庭园。庭园名为养翠园，有"养松之翠"之意。这座大庭园里有一座养翠亭，养翠亭总建筑面积94平方米，内建有雅致的茶室。养翠亭共19间房，顺着稍微倾斜的走廊往上走，里面的正房就是丸田芳郎夫妇的房间，正房是庭园里级别最高的房间，丸田芳郎夫妇在这里居住时主要就住在该房间里。据藤井清所说，丸田芳郎住在养翠园时藤井家住在兵库县西宫市，藤井家想，"如果是花王所长，确实很放心"，所以就放心地把房子借给了丸田芳郎居住[11]。

庭园里有一个大池塘，是引入了海水的咸水池塘，鱼儿在池塘里跳跃，据说还能在池塘里捉到河虾和白鳝等。后来，厚子说，"我们每次从和歌山站下车，都有很多人来迎接丸田芳郎，说，'专务先生，这边请'，我就会想，我嫁的人这么了不起吗。"[12]

1954年，丸田芳郎家从和歌山搬到了东京。次年，厚子进入了文化服装学院学习西式裁剪等[13]。

取得博士学位

1947年夏天，丸田芳郎完成了他的研究论文《不饱和烃的制备与应用相关研究》，这个时候丸田芳郎与厚子见过面了但还没有结婚。论文在战争中被烧毁后，在和歌山工厂重建期间丸田芳郎在百忙之中重新收集原始记录，重新写了一遍论文。可是，在丸田芳郎回老家的途中装着米和论文原稿的背包在名古屋站被盗了，论文再次丢失。丸田芳郎只能重新写，一年以后，论文终于完成[14]。丸田芳郎把论文提交到了他曾进修的京都帝国大学（1947年10月改称京都大学）（提交日期不详）。论文审查通过，1948年（昭和二十三年）5月14日，京都大学授予丸田芳郎工学博士学位。

丸田芳郎在论文的序中记述了研究的经过，并且对帮助过自己的人表达了感谢[15]：

昭和十二年（1937年）的秋天，笔者在花王石碱工厂的硬化油工厂工作，受当时的技师长川上八十太博士启发，开始了油脂及脂肪酸的二重聚合中加氢时机的研究。研究过程中，偶然发现以锌粉和氯化锌作催化剂氢气还原脂肪酸可以得到大量的不饱和烃。昭和十四年（1939年）秋天，笔者得到了进一步详细实验研究此现象的机会，得到了脂肪酸、脂肪族高级酮和脂环类酮等含有羟基的物质直接还原脱水能够很容易得到与原化合物碳原子数相同的不饱和烃的结论。之后，又有了一些关于此现象应用的两三个问题的研究头绪。然后又得到了对制备不饱和烃设备的本质问题进行详细研究的机会，昭和十六年（1941年）以后笔者在工厂生产现场工作。

昭和十七年（1942年）年初，马诘哲郎博士亲切地建议笔者总结之前的研究结果并提交一份报告，于是笔者开始起草论文，并且论文原稿得到了马诘哲郎博士和儿玉信次郎博士的诚恳校阅，笔者计划对不完备、不满意的地方做进一步的补充研究，但作为生产现场的负责人，工作繁忙，一直未能进行，原稿一直压在箱底。后来，昭和二十年（1945年）3月原稿在战灾中被烧毁，部分研究数据也在战灾及战争刚结束时的混乱中被烧毁了。

笔者本来放弃重新整理论文了，但儿玉信次郎博士、伊藤英三先生和川上八十太博士都亲切地鼓励笔者将论文整理出来，这样论文终于完成了。恳请诸君指正。

在此，对协助笔者进行本研究的官川善一、安藏英雄、斋藤洋、加藤友英、驹木精一、佐藤照的劳动表示深深的谢意。同时对指导鞭策笔者的恩师川上八十太博士、平田文夫博士和伊藤英三先生以及校阅此篇论文的儿玉信次郎博士、马诘哲郎博士和纪喜一郎博士表示深深的谢意。另外，对为本研究提供方便的当时花王石碱股份有限公司长濑商会总经理长濑富郎先生的好意表示衷心的感谢。

笔者于和歌山

昭和二十二年（1947年）8月20日

这篇论文先是因继母祯的去世暂时中断，又经历了空袭和被盗，最后历经坎坷终于完成。对于丸田芳郎来说，能够完成论文并且获得博士学位，内心肯定格外欢喜。同时，完成一定水平的研究也离不开一直指导丸田芳郎的前辈和不辞辛苦协助丸田芳郎进行研究的同事，他们使丸田芳郎经受住了考验，是丸田芳郎的精神支柱。

伊藤英三也由衷地对丸田芳郎取得博士学位感到高兴。那时，丸田芳郎正在大阪出差，比丸田芳郎更早知道论文审查报告的伊藤英三在1948年3月17日的日记中写道[16]：

丸田芳郎的论文审查结束了，论文提交给了四月的教授会（译者注：日本大学中，为审议大学、院系的诸多重要事项而由教授等职员组成的机构。亦指这一机构的会议）审查结果是通过，对于这一喜讯我感到由衷的高兴。（此处有删减）丸田芳郎为这项研究倾注了大量心血，提交论文之前又遇到了不少意外，今天知道这个结果后，也就终于可以放心了。工厂里有大量的年轻技术人员，丸田芳郎指导年轻人出成果的同时，还努力学习取得了博士学位，我想他一定会成为一个成功的社会人、学者。

伊藤英三的这篇日记饱含着对丸田芳郎慈父般的爱和对其今后成长的期待。之后，伊藤英三引领丸田芳郎走上了一条促进其成长的新道路。

经营的苦难

在丸田芳郎结婚大约一年后，即1948年（昭和二十三年）12月，他与夫人厚子期待已久的长女俊惠出生了。联想到7个月前丸田芳郎刚刚取得了博士学位，他在个人生活上可谓喜事连连。但是，这段时间丸田芳郎的工作却特别忙碌和不顺。1949年2月青霉素工厂被烧毁，同年5月日本有机更名为花王石碱并且进行了增资，这些内容本书在之前已提到。同年12月，随着花王油脂的成立，公司体制变成包含花王石碱和花王油脂的双公司制，丸田芳郎作为花王石碱的专务董事，也要同时关注花王油脂的情况，为公司重建辛勤工作着[17]。

不顺并未结束。1950年6月朝鲜动乱爆发的次月和歌山工厂的香皂工厂部分被烧毁，同年9月台风"简"造成洪灾、酒田工厂的催化剂室失火。在丸田芳郎任专务董事期间花王石碱的苦难接二连三，与此同时，花王油脂也不太平，1950年8月东京工厂的高压还原工厂发生了爆炸事故。

赴美和与汰渍的相遇

在接二连三的苦难中传来了一个喜讯，即随着朝鲜战争的爆发美国的对日方针发生转变，为了培育日本这个"反共屏障"，从日本选择优秀的技术人员派往美国，向承担先进技术发展任务的大学和企业学习。丸田芳郎被选为了政府科学技术行政审议会（STAC: Scientific Technical Administration Committee）的技术人员派遣计划的成员之一。

此前，在GHQ和商工省的建议下酒田工厂以北海道产的海带为原料进行了海藻酸钠的工业化生产并且对美出口。花王能够得到此次赴美考察学习的机会正是因为STAC看到了酒田工厂的这一实际成绩。当然，伊藤英三向STAC的委员们强烈推荐丸田芳郎也促使了此事的成功。决定之后，伊藤英三向一直惦记着工厂、对此事毫不知情的丸田芳郎说，"这是业务命令，必须去。"接到指示后的丸田芳郎于1950年11月从日本出发赴美，次年三月回国。

赴美途中曾在夏威夷停留，期间装着P&G合成洗涤剂的红盒子——汰渍吸引了丸田芳郎的注意。P&G早在1933年就发售了合成洗涤剂Dreft，但是使用Dreft时会产生不溶于水的物质残留在衣物上。于是，整个20世纪30年代后期P&G都在进行可以代替Dreft的合成洗涤剂的研发，其成果就是第二次世界大战后的1946年发售的这款汰渍。汰渍是以石油系的烷基苯为原料制造的合成洗涤剂。随着自动洗衣机在美国的普及，汰渍的销量不断增长，汰渍发售后的十年间P&G的净利润增长到了之前的三倍。P&G和洗衣机厂商的契约规定，顾客购买自动洗衣机免费赠送汰渍，这种销售方法也是汰渍销量迅速增长的主要原因[18]。

一天，一个高中生模样的女孩在夏威夷的居住区发红盒子，每户一个，丸田芳郎问她，"小姑娘，这是什么呀？可以给我一个吗？"女孩说，"不行"。于是，丸田芳郎就去商店寻找这种红盒子，然后买了一个。丸田芳郎阅读红盒子上面的说明书："毛、棉制品均可洗涤"，他想或许用花王的高级醇制造技术也能够制造出同样的产品。于是，丸田芳郎写了一封长信，同时把汰渍寄回了和歌山工厂以便进行分析。丸田芳郎说，"记得当时我的心里怦怦直跳，特别激动。"在回国后丸田芳郎分发给股东的小册子《我看到的美国》中，详细地记述了当时的情况[19]：

有趣的是，战后美国如此热销的无肥皂成分的肥皂（soapless soap），与战前我们公司与其他公司共同购买的德意志的专利许可权后生产的洗涤用肥皂粉Excelin的生产原理相同。众所周知美国油脂资源丰富，不像日本和德意志这样受原料问题困扰，他们蒸馏椰子油制备高级醇，然后通过特殊的高压还原技术制造无肥皂成分的肥皂，就是不使用迄今为止肥皂生产必需的油脂制成的肥皂，是一种合成洗涤剂。这听起来似乎没什么了不起的，但从战争造成物资不足需要尽可能节约肥皂原料的角度来看，应该马上重新开始这种肥皂的制造。

现在我们公司三分之一的产品使用高级醇硫酸化技术，三分之二是以石油为原料生产无肥皂成分的肥皂，从这一点看我们公司的技术进步了。但是实际上，如今美国的热门商品15年前我们公司已经广泛销售了。这是一个令人高兴的事实。（此处有删减）

在石油缺乏的日本，把石油做燃料等使用太可惜了。但是，幸好我们公司从战前就积累了生产无肥皂成分的肥皂的经验，战争期间我们还完成了关于航空润滑油的独一无二的研究，这项研究当时连美国都没有，这也可以为我们提供强有力的资料。我感觉对于今后的经营可以描绘一个不逊于美国技术的梦想。

丸田芳郎这时只有35岁，但是可以说他已经准确地描绘出了日本战后肥皂、洗涤产业未来正确的发展方向。

在美国的考察

丸田芳郎到美国后，不仅考察了 P&G、联合利华和高露洁—棕榄等肥皂、洗涤剂和牙膏等制造企业，还造访了杜邦、Atlas 化学、大力神、孟山都、陶氏化学、德士古石油、柯达和美国通用电气等石油化学、石油和电气领域的企业。此外，丸田芳郎还造访了 14 所大学、政府机关及研究所。丸田芳郎有 GHQ 的推荐，所以大部分企业都允许其参观。

然而，美国因处于技术优势地位而抱有优越感，对于处于劣势地位的日本的学习追赶敷衍了事。这一情况到 20 世纪 50 年代后半期仍未改变，这一时期日本生产性本部派遣的被喻为"昭和时代的遣唐使"的早期访美考察团也遇到了同样的情况。进入 20 世纪 60 年代以后，美国人对日本产业界的技术进步和设备近代化程度感到不可思议，所以这一时期的欧美很少接待考察技术的日本团队，大多数团队赴欧美考察的主要目的变成了学习经营管理[20]。后来，P&G 进入日本市场时也不得不把花王视为一个强有力的竞争对手。而促使花王积蓄力量的机遇之一就是这次丸田芳郎与汰渍的相遇。

丸田芳郎在位于美国辛辛那提的 P&G 工厂里参观学习了

汰渍的生产设备，他认为P&G的生产技术和质量管理都有值得学习的地方。而且，丸田芳郎在P&G还学到了很多销售策略。其中，丸田芳郎对"10天2%"的打折制度印象特别深。后来，这一制度逐渐成为丸田芳郎引入日本的商业策略之一。

花王洗衣粉的发售和改良

1951年（昭和二十六年）3月，丸田芳郎结束了4个月的美国考察之行回到日本。在横滨港上岸后马不停蹄地赶赴了热海市伊豆山的一家旅馆，以伊藤英三为首的公司领导在此等候。他们在这家旅馆一间朝向大海的屋子里召开了一项紧急会议。丸田芳郎寄回来的红盒子汰渍经过细致分析后，大家一致认为以花王的高级醇制造技术制造与汰渍相匹敌的产品是可能的，只是不知道销路怎样。因为人们洗衣服习惯于用洗衣皂"呵哧呵哧"地搓，而且电动洗衣机尚未普及。另一方面，新设备投资和宣传费用也在上涨。但是，尽管可能出现的实际问题很多，他们还是决心生产。

丸田芳郎听到这一决定，终于松了一口气。这时，伊藤英三招手示意丸田芳郎跟自己去后面屋子，丸田芳郎打开门后发现妻子厚子在里面。伊藤英三说，"辛苦了，好好休息。"，说完又回到了自己原来的房间。丸田芳郎一直忙于工作，伊藤英三总经理经常提醒丸田芳郎,"你也是有妻子的"。

关于生产这一产品的准备,设备方面,丸田芳郎回国的前一个月已经增加了高级醇设备;原料方面,也已经向美国 Oronaito 化学公司订购了原料烷基苯。然后,1951 年 7 月和歌山工厂成功制造并且发售了毛线品、丝织物和化纤品用的高级醇合成洗涤剂 EMAL。而这款

长女俊惠与和歌山工厂春季运动会。
1952 年 37 岁

产品实际就是给丸田芳郎进入花王石碱后不久大日本油脂(这一时期的花王油脂)生产的 Excelin 换了一个名称[21]。两个月后日本有机与花王油脂关于商标权协商一致,又把该产品名称改为了 Excelin。于是,Excelin 再次销售。

同年 8 月,公司在生产 EMAL 的同时还利用 EMAL 生产设备生产了花王洗衣粉,并于同年 10 月发售。花王洗衣粉使用红色的包装袋,每袋装 200 克,售价为 50 日元,大致相当于两块化妆香皂的价格[22]。花王洗衣粉中去污剂使用的是烷基

硫酸钠（高级醇类）和烷基苯磺酸盐（石油类），然后加入了工业用无水碳酸钠（碱性剂）加强去污能力[23]。正如丸田芳郎在说明中所述，这款合成洗涤剂融合了战前技术、战时研发成果和战后引进的技术。

买洗衣机送洗衣粉

1952年（昭和二十七年）春天，花王在销售方面进行了新的尝试，公司向女子学校、百货商店及住宅区免费发放了50万袋Excelin洗衣粉[24]。

花王公司重新讨论了这款洗衣粉的名称。宣传部在报纸广告上向广大用户征求意见，共公布了"洗衣粉""Zab"和"Wonderful"三个候选名称。结果，"Wonderful"获得了63006的总票数中2/3以上的投票。于是，花王洗衣粉改名为"Wonderful"。1953年4月花王洗衣粉以新产品名称"Wonderful"发售，并且在之前的3种主要成分的基础上又加入了加强去污能力的硅酸钠（碱性剂）、防止灰尘附着的CMC（羧甲基纤维素）和荧光染料及香料。

花王还与家用洗衣机厂商合作开展了每台洗衣机附赠一袋Wonderful洗衣粉的活动。这一时期日本开始从英国进口Hoover公司（1827年为制革而创立，之后作为吸尘器制造商获得发展，1948年开始在英国生产洗衣机）产的喷流式洗衣机[25]。1953年8月三洋电机卖出了第一台日本自产喷流式洗衣机，之后各公司都相继开始了喷流式洗衣机的生产。喷流式洗衣机可以使洗衣时间从原来的30分钟缩短到10分钟，而且与原来的圆桶搅拌式洗衣机相比喷流式洗衣机为长方体，体积更小，具有放置方便、不挑地点的优点。1954年发售的喷流式洗衣机的波轮（搅拌衣物的扇叶）从洗衣机缸的内壁移到了底部，也就是变成了我们所说的波轮式洗衣机。之前不管衣物多少都必须要把水注到高于波轮的位置，但是波轮移至底部之后就可以根据衣物的多少来注水了。

日本家庭电动洗衣机的逐渐普及和花王洗衣粉以及Wonderful的发售时期是同步的。可以说花王洗衣粉和Wonderful为日本电动洗衣机和合成洗涤剂的普及做出了巨大贡献。购买洗衣机赠送洗衣粉也是模仿丸田芳郎在美国考察时学习到的P&G的销售方法。

注释：

1 若无特别说明，关于战后花王石碱从重建到成为双公司制的内容均是根据《与花王在一起》编纂委员会编（1973）《与花王在一起续》

（花王会）310—312页、目黒工房（1972）《我走过的道路20人集》第一卷（现代信浓人物志刊行会）454—456页、丸田芳郎纪念册刊行规划中心编《一心不乱——丸田芳郎的工作》（花王股份有限公司）93—105页、花王石碱70年史编辑室编（1960）《花王石碱70年史》（花王石碱股份有限公司）227—398页、日本经营史研究所编（1993）《花王史100年》（花王股份有限公司）165—201页、落合茂（1973）《伊藤英三——其人及贡献》（花王石碱股份有限公司）119—199页、城山三郎（1981）《男性经营》（角川文库）140—158页、城山三郎（1982）《梅香人心——伊藤英三传》（讲谈社文库）90—156页、佐佐木聪（2007）《日式流通的经营史》（有斐阁）141—206页等资料编写。

2 吉田时雄（1993）《丸田芳郎勇者的经营》（TBS百科全书）46页。

3 前述《我走过的道路20人集》第一卷455—456页、前述《花王史100年》170页。

4 根据对中川弘美的采访编写。中川弘美1948年进入和歌山工厂，之后任花王副社长。

5 若无特别说明，关于结婚、厚子及其家人和获得学位的内容均是根据前述《我走过的道路20人集》第一卷456—457页、永川幸树（1989）《常住真实——惊异的花王跟着丸田芳郎学经营》82—89页、前述《一心不乱——丸田芳郎的工作》106—108页和248页以及丸田诚一对笔者问题的回答等资料编写。

6 长野县长野西高等学校创立七十周年纪念会编（1966）《七十年的历程》（长野县长野西高等学校）。

7 丸田诚一所述。

8 前述《常住真实——惊异的花王跟着丸田芳郎学经营》87页。

9 前述《我走过的道路20人集》第一卷457页。

10 丸田诚一所述。

11 关于养翠园的内容根据养翠园的两本宣传册（养翠园事务所《日本国家指定文化遗产名胜——养翠园》和《日本国家指定名胜——原纪州德川庭园》）和对园主藤井清的采访编写。

12 根据对丸田诚一夫人的采访编写。

13 丸田诚一所述。

14 前述《丸田芳郎勇者的经营》46页。

15 丸田芳郎（1948）《不饱和烃的制备与应用相关研究》（1947年10月25日印刷）。京都帝国大学博士论文。京都帝国大学1947年10月改称京都大学，但根据日本国立国会图书馆的数据库，以该论文授予丸田芳郎博士学位时学校名称显示为京都帝国大学。

16 前述《伊藤英三——其人及贡献》139—140页、前述《丸田芳郎勇者的经营》46—47页。

17 若无特别说明，关于花王石碱的经营危机、丸田芳郎赴美以及花王洗衣粉和Wonderful的发售的内容根据前述《我走过的道路20人集》第一卷457—462页、前述《一心不乱——丸田芳郎的工作》109—116页、前述《花王史100年》183—209页、花王公司史编纂室编（1993）《花王史100年·年表/资料（1890—1990年）》（花王股份有限公司）64—68页编写。

18 Davis Dyer, Frederic Dalzell and Rowena Olegario, *Rising 汰渍—Lessons from 165 Years of Brand Building at Procter & Gamble*, Harvard Business School Press, 2003, p.67—84、大卫·戴尔、弗里德里西·大鲁在路、罗威纳·奥力个里奥著，足立光、前平谦二译（2013）《P&G之路——世界最大生活用品制造商P&G的品牌推广》（东洋经济新报社）63—78页。

19 前述《花王史100年》206页。

20 佐佐木聪（1998）《科学管理法在日本的开展》（有斐阁）277—278页。
21 前述《花王史100年》207页。
22 根据周刊朝日编（1988）《价格史年表——明治·大正·昭和》（朝日新闻社）63页，化妆香皂1950年的价格是21日元40钱，1953年的价格是25日元。
23 前述《花王史100年》207页。
24 前述《我走过的道路20人集》第一卷460页。
25 此处关于喷流式洗衣机和波轮式洗衣机的普及的内容根据大西正幸（2008）《电动洗衣机100年史》（技报堂出版）56—66页编写。

Ⅳ 担任营业经理时的经营革新

1. 经营危机和受命为营业经理

花王油脂的危机和花王石碱酒田工厂的苦难

　　花王石碱发售花王洗衣粉时，由花王股份有限公司和大日本油脂合并而成的花王油脂的经营陷入了危机。朝鲜特需时期（译者注：日本自1950年开始因朝鲜战争爆发产生的特需景气。日本作为美国的兵站基地，供给补助性军需物资。日本经济因此得到了很大的增长）花王油脂的销量非但没有如预期增加，反而滞销，并且出现了拖欠员工工资的情况，引发了严重的劳资纠纷，加上原料油脂价格暴跌，肥皂价格低迷，这些是花王油脂陷入经营危机的主要原因。在此之前，油脂、橡胶和皮革这"新三品"非常受欢迎，是当时的热门商品。在肥皂、油脂企业中出现了"肥皂热"，这些企业高价购入大量鲸油、牛油、椰肉干等原料。然而，与预期相反的是，这些原料价格暴跌，高价购入这些原料的大型肥皂、油脂企业开始大规模贱卖肥皂。原料价格高而产品价格低，企业只能赔钱生产[1]。

另一方面，花王的双公司制在流通、销售领域也出现了问题。花王石碱和花王油脂均使用"花王"这一商标进行竞争，在化妆香皂领域都在模仿"牛奶香皂"和"三环香皂"。两个公司在品牌上也进行竞争，本书前面也提到过东京工厂（花王油脂）于1951年9月重新发售战前的"Excelin"，这也是为了与和歌山工厂（花王石碱）的"EMAL"竞争。

为重建公司，经团联（译者注：全称"经济团体联合会"，日本经济团体之一，1946年成立。主要任务为联络各经济团体，对内外财政、经济进行研究并提出建议等）会长石川一郎和日本化药总经理兼日本化学工业会会长从中斡旋组建了花王油脂的新领导团队。1951年1月新领导团队上任，原旭电化总经理矶部愉一郎任总经理，原三菱银行常务董事春藤和任会长，来自大藏省（译者注：日本统辖国家财政和金融行政的中央行政机关，2001年改称财务省）的明贺友清任专务董事。

花王石碱的酒田工厂也因为油脂价格暴跌陷入了原料价格高而产品价格低的泥潭中，亏损严重。东北六县（译者注：指日本本州的东北部地区，包括青森、岩手、秋田、宫城、山形、福岛六县）的市场规模有限，而且此地区一直是狮王油脂占有多数市场份额。根据三公司分立制时期的协议，酒田工厂的销售权归花王油脂所有。1952年酒田工厂所属的花王石碱从花王油脂继承了北海道和东北地区的销售权后，亏损情况在一定程度上得到了好转，但是好景不长，海藻酸钠因生产设备投资困难、资金不足在1953年被迫中止生产。"Beads"虽然销量增加，但因为设备投资的限制和颗粒中空化等技术问题退货量也在增加。银行甚至暗示酒田工厂将工厂卖掉，后来酒田工厂不得已裁去了约20%的员工。

两公司合并和"新"花王石碱股份有限公司的成立

为应对众多问题和危机，花王油脂和花王石碱就合并问题进行了约两年的谈判。1954年（昭和二十九年）2月两公司同意合并，同年8月两公司对等合并，通过保留花王石碱、解散花王油脂的形式，诞生了新花王石碱股份有限公司。实际上称这次合并为"挽救合并"更加贴切，因为通过合并的方式，和歌山的花王石碱挽救了危机中的花王油脂。但是不管怎么说，经历了1935年（昭和十年）的双公司分立制、1946年（昭和二十一年）的三公司分立制和1949年之后的双公司制，花王终于回到了创业之初的单公司制。

下面是新花王石碱股份有限公司的经营团队。矶部愉一郎任董事长（原旭电化总经理、花王油脂总经理），福岛正雄任总经理（经团联事务局长），伊藤英三任副总经理（花王石碱总经理），丸田芳郎（花王石碱专务董事）、西胁芳夫（花王石碱专务董事）和沼田明（花王石碱董事）等原花王石碱的七位同事任普通董事。福岛正雄和伊藤英三持有代表权。花王石碱原总经理伊藤英三任新公司的副总经理，原专务董事丸田芳郎任普通董事，这给我们的感觉是施救方的员工反而被降级了，不过也可以理解，新公司的信用建立和经营稳定需要外部的协助，福岛正雄在财界拥有广泛的人脉网，最适合担任新公司总经理。实际上福岛正雄与伊藤英三是故知，福岛正雄之前任硬化油销售公司经理时，伊藤英三任该公司的监事[2]。伊藤英三不擅长与外界交往，此次也许是为了让福岛正雄加入新公司而特意空出了总经理一职。伊藤英三则负责新公司内部体制建设。这种责任分配方式从这时起一直延续了14年[3]。

同年10月，即新公司成立两个月后，日本银行证券局副局长郡司坚二作为董事加入了花王石碱，主要负责金融方面的相关工作。当初两公司合并时日本银行从中斡旋解决了花王石碱的主业务银行住友银行和花王油脂的主业务银行富士银行，关于两个公司负资产的估价和偿还产生的意见分歧。所以，日本银行的郡司坚二作为金融机构代表加入了合并后的新公司，负责监督公司的金融情况。

在花王油脂和花王石碱酒田工厂的困难时期,各地的批发商客户在金融方面给予了理解和帮助,伊藤英三和丸田芳郎对此终生难忘。这在本书后面讲到的成立销售公司和公司对销售公司经营者的态度中也有体现。

这一年丸田芳郎全家搬到了东京都世田谷区的亲戚家,丸田芳郎工作时都是从亲戚家附近的代田桥到马喰町总部或者小村井的东京工厂[4]。但是没过多久丸田芳郎全家就搬去了三鹰市牟礼。笔者认为丸田芳郎这次搬家是听从了住在井之头公园旁边的伊藤英三的建议[5]。两年前也就是1952年1月,丸田芳郎的次女光惠出生,次年12月双胞胎兄弟出生,长子叫诚一,次子叫让二,丸田芳郎有了一个六口之家。这时丸田芳郎39岁。

丸田芳郎的夫人厚子作为辛勤养育4个孩子的母亲和支持丈夫慢慢成长为企业家的妻子,每天都非常忙碌。丸田芳郎的长女俊惠出生几个月之后,在电影院里感冒引起高热,并且因高热留下了后遗症而身体残疾。也许是因为长女俊惠的事情,丸田芳郎对电影没有任何兴趣[6]。

就任营业经理

丸田芳郎被负责公司内部运营的伊藤英三任命为了营业经

理，1956年（昭和三十一年）11月丸田芳郎成了公司的常务董事，是公司销售部门的负责人。这时丸田芳郎41岁。

当初，丸田芳郎坚决反对让自己负责营业。作为一心扑在研究、技术上的丸田芳郎来说，自然会选择拒绝伊藤英三的任命。不过，伊藤英三耐心劝说坚决反对的丸田芳郎，讲授销售用技术生产出来的产品的重要性。伊藤英三希望丸田芳郎用新眼光找出并坚决修正营业中的不合理之处。在伊藤英三看来，丸田芳郎不是一个单纯的技术人员，而是担负着花王石碱未来的卓越人才，应该给丸田芳郎接触包括流通、销售在内的全部经营活动的机会。

丸田芳郎虽然不情愿，但还是投入到了伊藤英三任命的工作中去。他废除了自己认为不合理的贸易关系和方法，并且要求彻底贯彻"采购、谈判等活动全部在公司洽谈室进行"的政策[7]。在批发商眼里，这些可能是销售外行轻视人际关系和商业惯例的胡闹行为。批发商只尊重有畅销品的制造商的销售负责人，合并初期的花王并没有畅销品，所以批发商对花王销售负责人的态度也很敷衍，批发商总是推后与丸田芳郎等花王石碱销售负责人的会面，有时甚至爽约。但是，丸田芳郎这个"销售外行"以一颗平常心正视销售现实，纠正不合理现象。除此之外，作为研究技术人员的丸田芳郎深知流通商尊重畅销品，所以他也在酝酿研发畅销品的想法。

关于这个时期丸田芳郎和伊藤英三的关系,很多相关人员都说,"他们经常争吵"。他们二人有不可动摇的信赖关系做基础,是可以开诚布公直接向对方表达己见的朋友。

进军亚洲地区

成为营业经理的丸田芳郎把注意力投向了亚洲地区。但是,宝洁、联合利华和高露洁等欧美企业在亚洲地区占有压倒性优势的市场份额。

1955年是丸田芳郎成为董事、营业经理的第二年。这年10月,经过4年多的开发,中性"飞逸香波"开始发售。该产品采用铝箔两连袋包装,每袋3克,两连包售价10日元。这时丸田芳郎不到41周岁。"飞逸香波"成了热门商品,甚至改变了人们的洗发习惯[8]。

作为营业经理的丸田芳郎要求开拓"飞逸香波"的亚洲市场。因此,1955年以后"飞逸香波"和"Blue Wonderful"等产品开始向亚洲地区出口[9]。

在这期间,泰国大新洋行(后改称大新实业)总经理斯威特·普朗依三坤来日本考察时偶然注意到了花王的香波。最初斯威特·普朗依三坤与伊藤英三进行了谈判,但是被伊藤英三拒绝而谈判失败,后来斯威特·普朗依三坤又想和丸田芳郎谈判[10],丸田芳郎得知此事后,认为这与自己向亚洲地区推广花王产品的方针相一致,便决定与泰国大新洋行合作。大新洋行从1957年开始销售从日本进口的花王产品,是亚洲最早进口花王产品的商家。但是,1958年泰国提高了进口关税,于是花王和大新洋行签订了委托合同,花王向大新洋行出口"飞逸香波"的半成品,即原料粉末、香料和包装材料,然后大新洋行在当地进行加工。要想顺利加工以便后期销售,加大设备的投入是必需的。于是1964年9月花王与大新洋行合资成立了泰国花王实业股份有限公司。这是战后花王的首个海外合资基地。

继泰国之后,花王第二个产品出口地是香港。1958年花王开始向香港出口产品,香港作为世界自由港,欧美、日本和东南亚的众多品牌都在这里进行着激烈的竞争。尽管如此,"飞逸香波"依然发挥了先锋兵的作用,率先开拓出了花王在香港的市场,在"飞逸香波"之后花王又相继向香港出口了"Blue Wonderful"(以"新奇洗衣粉"名称销售)和厨房专用清洁剂"Wonderful K"。1970年,花王全资建立了花王股份(香港)有限公司。依靠广告、促销和降低成本的方式,该公司成立之初就在同行中位居第二。

1964年12月花王（台湾）股份有限公司成立，并开始在当地生产。当时，台湾禁止生活资料进口并且不承认直接投资。所以，该公司是由台湾当地的林锡瑞等人全额出资建立的，花王向该公司提供半成品，并向该公司出借调配、包装和充填等设备，通过这种方式花王开始在台湾生产。1966年2月，月星化工股份有限公司成立，该公司负责生产和销售台湾花王使用的表面活性剂等产品。

而新加坡在1958年就有德国商人进口"飞逸香波"。1964年新加坡又开始进口"Wonderful"。但是新加坡后来因与马来西亚的共同构想，开始限制洗涤剂进口。于是，1965年7月由花王全额出资在新加坡成立了马来西亚花王股份有限公司，开始向新加坡出口香波，并委托新加坡联合实业有限公司（United Industrial Co.Ltd.）生产并销售白云牌衣物洗涤剂。

向亚洲各地市场进军时，丸田芳郎都会深入了解当地情况，始终坚持生产和销售符合当地情况的产品。在日本国内成立销售公司时丸田芳郎也是如此，非常重视与当地人的交流。台湾的花王合作伙伴林锡瑞在丸田芳郎去世时，回忆当时的情况说[11]：

丸田芳郎先生在经营、技术、营销、物流和研发等各方面都给予了我指导。丸田芳郎先生总是穿着一件白衬衫不辞辛苦地和我一起进行工厂建设、市场调查和其他各方面工作的情景我至今记忆犹新。

以"干净的国民才能兴旺"的理念为基础,全面支持符合台湾情况的经营的原总经理丸田芳郎一直与我同甘共苦,在我心里他是最好的总经理。

必要时丸田芳郎先生会来台湾给予适当的指示。丸田芳郎先生现在如风儿般逝去了,在想到他的事情时,我内心充满了思念。

在向亚洲地区进军期间,丸田芳郎不止以增加销量和利润为目标,他会充分考虑各地区的政策、原料供应和生产状况、销路、销售方法以及消费者的清洁习惯等,以便根据各地区情况来建立生产据点、拓宽销路。丸田芳郎与当地合作伙伴建立了深厚的信赖关系,他的理念是用花王生产的清洁产品"提高当地和当地居民生活(水平),推动当地产业发展"[12]。所以,缺少这些考虑、信赖关系和理念的海外企业在进军日本市场时受到了强大的阻力,关于此内容本书后面有记述。

2. 销售制度改革

热门商品的市场渗透

花王石碱合并为单公司到丸田芳郎成为公司董事、常务董事的时期恰逢日本经济开始高速增长。工薪阶层可支配收入增加，耐用消费品得到普及，其中电动洗衣机的普及是促进肥皂、洗涤产业发展的重要因素。而随着石油化学工业发展，合成纤维变得普遍，这促进了合成洗涤剂的普及。此前没有畅销品的花王石碱也因为两款产品走上了成长之路。这两款产品就是本书前面提到的"Wonderful"（和歌山工厂）和"飞逸香波"（东京工厂）。

"Wonderful"畅销后，和歌山工厂提高了设备的质量，开始生产新重质洗涤剂（译者注：去污力强，呈弱碱性的洗涤剂）"Blue Wonderful"。丸田芳郎将一次赴美时从各地带回来的香波拿给公司技术团队分析和研究[13]，生产出了高级醇类中性"飞逸香波"，该产品采用铝箔两连袋包装，每袋3克，两连包售价10日元，此内容本书前面已提到。"飞逸香波"是中性，以起泡容易和清爽的使用体验被消费者接受，取代了之前其他公司生产的肥皂性质的碱性香波。据当时东京工厂的厂长西胁芳夫说，当时日本新潟县和山形县的批发商都不通过通常的营业渠道购买产品，而是直接来工厂采购，甚至到了工厂想方设法给每个批发商分一点儿货后就赶紧让批发商"请回"的程度。和歌山工厂在增加生产"飞逸香波"设备数量的过程中提高了包装技术，实现了成本削减，使该香波成为花王石碱长期畅销商品[14]。

缩短票期和引入现金交易制度

在花王产品迅速占领市场的背景下，丸田芳郎开始了销售改革。其中，第一项就是缩短结算时间[15]。

当时花王产品的流通渠道是主要城市的大批发商（一次批发商）或者二次批发商销售至零售店。一次批发商和二次批发商以及二次批发商和零售店之间的交易关系是固定的。在这种情况下，产品在流通中需要经过大型的一次批发商，但是在物流上可以直接从花王的销售部门送到零售店，这称为"固定商品直达"。但是，不管是哪种方式，结算方法都是票据结算。

票据结算的主要问题是结算时间过长，结算时间存在地区差异。日本全国的结算时间从 90 天到 120 天不等，日本九州的日丰线沿线是结算时间较长的地区，这里甚至有"日丰线票据"（译者注：意指本地区结算时间长）的业界用语。一般来讲化妆品的结算时间较长，肥皂、洗涤剂和纸制品等日用百货的结算时间较短。但不管是哪种商品，批发商总是以"想结算，但是由于没有足够的商品周转不能结算"为理由拖延结算。但是，"Wonderful"和"飞逸香波"这样的热门产品出现后，这个理由显然就说不通了。

丸田芳郎考察了批发商和经营花王产品的零售店，发现零售店进行的是现金销售，所以零售店是有现金的。若是畅销的热门商品，现金化的速度会很快而且金额也很大。所以，批发商可以在较短时间内从零售店收回账款。于是，1958年（昭和三十三年）8月丸田芳郎决定把"Blue Wonderful"和"飞逸香波"的交易结算时间缩短为大城市45日、地方60日。

1960年3月，以广告词"难除的污渍找Zab"发售的产品"Zab"打入市场，同年8月丸田芳郎引入了现金打折制度。同年9月之前，新注册的代理店（一次批发商）和B级店（特约店、二次批发商）作为第一期现金打折制度商店受理估算预定，直接送货标准为20箱以上，50箱以上根据结算时间和订货数量给予相应折扣。票期（结算时间）在45日至60日之间的票据结算和到货后10日内的现金结算均给予2%的现金折扣。可以说，丸田芳郎的这个思路也是源于之前在美国学到的宝洁的"10天2%"制度。后来的新产品慢慢地都采用了缩短票期和现金打折制度[16]。

对于这种新制度，批发商中也不乏困惑和反对的声音。但是，丸田芳郎推出的结算时间缩短化不止对制造商花王有利，而且可以说在很大程度上推动了整个流通业的健康发展。借用与花王有多年交易关系，且曾与丸田芳郎在公私方面都很亲密的中央物产的丸山源一的话，丸田芳郎引入的现金交易制度"从大局来看，防止了业界信用膨胀"[17]。

再销售价格维持制度的引入

当时，销售领域存在为招揽顾客而廉价出售商品的现象。刚兴起的超市等为了招揽顾客把品牌商品作为特价商品（为招揽顾客而大幅度降价出售的商品）亏本出售。价格下跌压制了位于流通链末端的批发商的经营，对作为制造商的花王也造成了恶劣影响。这个问题在第二次世界大战前就存在，可以说是销售界的积弊。

当时，以东京奥运会为契机日本开始向开放经济体制过渡，在东京奥运会开幕前半年加入了 IMF 第八条款国（译者注：指实现了经常账户下货币自由兑换的国家。按照国际货币基金组织的定义，一国若能实现经常账户下的货币自由兑换，该国货币就被列入可兑换货币。由于自由兑换的条款集中出现在基金组织协定的第八条，所以货币自由兑换的国家又被称为"第八条款国")和OECD(译者注：经济合作与发展组织)。这些措施加深了日本资本交易自由化程度，宝洁和联合利华等世界大企业进军日本市场的计划，也给花王带来了一定程度的危机。

为应对外资进入日本市场，花王石碱借助法制力量维持价格秩序和谋求交易途径透明化，这就是以丸田芳郎为首的花王石碱销售部门在1963年至1964年引入的转售价格维持制度。这一制度是1953年9月修订的《独禁法》(译者注：日文全称《独占禁止法》，意为《反垄断法》)中的例外制度。在此制度下，制造商可以制定批发和零售等各流通环节的售价并要求相关利益方遵守。1962—1963年也是关于化妆品和家用肥皂的上报案件不断增加的时期。

丸田芳郎灵活运用转售价格维持制度，目的是防止无利润贱卖和实现交易途径透明化。当时有些零售店从多家固定批发商购入商品，这些批发商互相竞争，导致价格秩序混乱，而且这种交易关系下制造商也很难对流通过程和价格进行管理。所以，整顿当时复杂混乱的市场秩序非常必要。

1963年3月，丸田芳郎首先制定了批发环节的转售制度，次年9月又制定了零售环节的转售制度[18]。同时，丸田芳郎制定了统一账表，并且明确了供货制度，原则上一家店只能由一家供货商供货。根据法律，有14个团体（由公务员等组成的消费生活协同组合等）不在转售制度规定的主体范围内，这些团体的内部人员可以享受廉价商品。但是如果这些团体违规对团体外人员廉价出售商品的话，这种廉价出售很可能会扩大到众多的零售店，所以花王希望这些团体也能够遵守花王的转售价格。虽然向团体外人员廉价出售商品的违规行为得到了监管，但是要求这14个团体遵守转售价格一事未能得到认可[19]。花王引入的转售制度是差价转售，允许一成左右的降价，零售店可以在此范围内进行价格竞争。

但是，丸田芳郎引入的新制度并没有解决问题。一家店只能由一家供货商供货的制度赋予了批发商极大的权力，有的批发商销售新产品拖拖拉拉，不积极向零售店交货；还有的批发商靠花王产品获得的利润都搭在了其他制造商产品的贱卖中[20]。

丸田芳郎采取此制度不是回避正常竞争，而是为了恢复秩序采取的权宜之计。丸田芳郎对批发店的经营者们说[21]：

就像请大家签转售价格维持契约（译者注：为维护商品的信用和控制销路，经销商不在生产者事先指定的批发、零售价格以下销售的契约）时和大家说的一样，这个制度只是一个暂时的停战协定。为了制止此前混乱竞争的局面，才采取了这个权宜之计。一家店只能由一家供货商供货的制度在近代资本主义经济中确实是非常扭曲的。因而，不只混乱竞争必须制止，这个制度也必须取消。但是这个制度取消之后又会回到过去混乱竞争的局面，那么我们坚持到现在做的所有努力就都没有任何意义了。

对于丸田芳郎来说，压制经营的创造性和健康的竞争绝不是他引入此制度的本意。但是，制止损害花王石碱和中间批发商利益的贱卖行为是他要解决的首要问题，所以采取了此权宜之计。

与大荣交易的停止

持有完全不同的经营理念的经营主体强烈反对丸田芳郎引入的转售价格维持制度。典型的代表就是依靠价格破坏（降价）迅速成长起来的日本本土超市——大荣。

从商品流通角度来看，丸田芳郎等人维护花王流通秩序是保护流通链上游的价格方针和策略。产品生产有诸多成本，其中研发费用占了大部分，此外还有原材料费用和人员劳务费以及其他生产成本。丸田芳郎等人维护流通秩序，源于在保证这些成本和相关利益主体的适当利润基础上，向消费者提供优质产品的使命感。而大荣处于流通链末端直接接触消费者，大荣的使命是提供给消费者尽可能便宜的商品，大荣坚决实行价格破坏也是基于这种使命感。这些处于流通链末端的商家靠大量采购来换取制造商和批发商的低廉价格。有些批发商因此经营恶化，本书后面提到的神户的松井商店等就是其中的实例。

1964年，花王正在向零售店推进转售价格维持契约，这时大荣领导人中内功宣布花王如果不给予大荣与批发店及销售公司同等的价格折扣，将下架花王的全部产品[22]。

作为营业经理的丸田芳郎指示所有销售公司，"如果给一家公司特殊对待，就会扰乱规则。为了流通革命我们必须一步不让，公司决定停止向大荣供应花王产品。"花王回应大荣，"详细研究之后，站在制造业的立场上难以接受贵公司的要求"。因此，花王全部产品在大荣所有店面下架，并且从1965年3月开始花王停止向大荣供货[23]。也许丸田芳郎正是因为对花王产品的品质有信心，才敢于如此霸气地解决问题吧。

花王停止向大荣供货的10年后，20世纪70年代前半期狮王油脂取代花王占据了合成洗涤剂市场份额第一的位置[24]。但是，作为技术人员并且不断探求真理的丸田芳郎的信念是，"必须公平对待每一位客户"。而且，丸田芳郎作为营业经理也不可能因此动摇在转售价格维持制度的基础上，辛辛苦苦建立起的销售公司体制，本书后面将会讲到销售公司体制。即使在公司后来的危机中，丸田芳郎也坚决贯彻"公平对待每一位客户"的方针。

1975年4月，洗涤剂等产品的转售价格维持制度已经取消，住友银行从中周旋提议花王与大荣重新开始交易，但是花王表示不能接受大荣要求的特殊条件。最后，大荣同意了花王的意见，同年6月23日花王与大荣重新开始了交易。

成立花王销售公司

在转售价格维持契约的基础上，丸田芳郎等又进一步成立了专门销售花王产品的批发公司——花王销售公司。

成立花王销售公司时，批发商与自主大型零售店竞争激烈，批发店经营现状每况愈下。为应对前一问题，1963年9月花王石碱及其十几家代理店在福冈成立了福冈花王商务公司，目的是与福冈不断兴盛强大的超市竞争。而为应对后一问题，1966年4月在东京新宿区下落合的多喜屋的基础上成立了多喜屋花王（后改称富士花王），同年同月在神户松井商店的基础上成立了松花商事（后改称神户花王）。成立多喜屋花王是花王石碱通过与多家企业协作来对抗流通链末端势力的竞争战略，而松花商事是花王石碱为保全经营衰落的花王石碱批发商的债权和实现经营现代化成立的[25]。前面提到的与大荣的交易是神户的松井商店经营衰落的主要原因[26]。

为贯彻花王的流通政策,伊藤英三和丸田芳郎决定逐渐在全国范围内成立销售公司。丸田芳郎作为营业经理给各地批发商写信,亲自到批发店说明情况。这应该也是受伊藤英三"客户至上"思想的影响。伊藤英三曾经责备过对公司外人员态度傲慢的宣传负责人[27],丸田芳郎成为总经理后也责备过这种行为。有些批发企业的经营者还妥善保管着丸田芳郎的来信,据说信的内容非常恭敬诚恳[28]。

关于信的作用,后来丸田芳郎说[29]:

尽可能多写信也是提高口头表达能力的一个有效方法。我从年轻的时候就经常写信,我觉得这对如今在人前更好地表达有很大帮助。

写信时肯定要站在对方的立场上考虑对方的想法。而且还要注意四季变化。这些能培养自己的情趣,让自己有适度的幽默和心灵的放松。

受到别人帮助时,比起在电话里道谢,我更愿意写一封感谢信,哪怕信的内容很短,因为信里包含着心意。

养成写信的习惯后,向公司里的上司汇报时就能写出饱含诚意、要领突出的报告,口头汇报也能事先梳理好要点和条理,然后非常好地表达出来。

反对运动和人才储备与培养

除丸田芳郎之外,当时录用的年轻人才也为花王销售公司的成立竭尽了全力。1965年(昭和四十年)(东京奥运会后的第二年)被称为"昭和四十年萧条",又出现了像昭和初期"我毕业了,但……"那样就业难的情况。与今天的花王不同,当时的花王石碱对于那些名牌大学的毕业生来说并没有那么大的吸引力,但是,在就业难的环境下很多名牌大学(主要为文科学校)的毕业生进入了花王石碱。这些人和丸田芳郎一起众志成城,成立花王销售公司,也因此在反对成立花王销售公司的运动中他们成为众矢之的。[30]

对于成立花王销售公司,各地掀起了反对运动。京都成立了花王产品京都销售权维护同盟,目的是反对伊藤英三提出的,"除每月进货额5000日元以下的零售店保留现有批发店途径外,其他所有零售店全部编入新成立的花王销售公司"的方针。对于当时京都的批发店来说,月进货额5000日元以下的零售店有2000余家,但是这些店的营业额只占总营业额的8%。花王销售公司夺走了其他零售店的销售权和顾客群,所以反对的核心是希望至少让月进货额10000日元以下的占到总营业额20%的零售店保留现有批发途径即代理店途径。东京则成立了销售公司对策协议会，该协会甚至到位于马喰町的花王石碱总部的销售部进行抗议，抗议声势浩大，双方甚至当着时任销售部长丰田达治的面发生了肢体冲突[31]。

像这样的反对运动迅速扩散到各地区。面对这种情况，负责成立各地销售公司工作的花王石碱的年轻销售部门负责人反复耐心地做商家的思想工作，伊藤英三、丸田芳郎和丰田达治等上层对批发店经营者的恭敬态度和信件也起到了作用，反对运动渐渐销声匿迹。年轻的销售部员工在得到商家理解之后在各地建立起了新公司，而且还慢慢积累起了使新公司步入正轨的实践经验。这些经历对于销售部员工来说，使他们在年轻时期就了解了以成立公司为主的全体经营工作，对于花王石碱来说这也是一个培养人才的好机会。在销售公司成立的准备过程中，这些年轻人不仅充分证明了自身能力，还经常被当时正在寻找接班人的批发店主邀请加入自家的批发店[32,33]。

在这之前一些化妆品制造商也有专门的销售公司，但是花王石碱更加尊重销售公司的自主性和自律性。虽然也有特殊情况，但原则上大部分的人才和资本都是由各地批发商单独或者与花王石碱共同提供。也就是说，原来批发店中的大多数都成了花王销售公司的股东，从而成了花王销售公司的经营者。各地成立的销售公司共128家，接近130家。

花王销售公司成立后，新的规定是：原则上花王石碱的产品由花王销售公司销售，但作为销售公司前身的批发店（后来成为代理店）可以作为例外通过批发店销售。各地的销售公司开始在全国成立大型零售店，同时通过推进各区域合并形成了8家大区域销售公司，再加上冲绳花王，这一时期共有9家销售公司。1999年4月，这8家大区域销售公司合并为花王销售公司，同年10月花王销售公司与冲绳花王合并为一家公司[34]。后来，又与化妆品销售公司合并为今天的花王CMK（译者注：花王客户营销有限公司）。最终实现了统一制造商与流通商的战略，该公司同时具有了制造商和经销商的职能。

但是，花王销售公司刚成立时通过销售公司销售的花王产品很少。各销售公司只销售销售公司成立之后的花王石碱的新产品（当时称为系列产品）。第一系列就是"花王Haiter"（原名"花王Bleach"，1966年7月更为此名）和"花王Humming"（原名"花王Softer"，1966年7月更为此名）。后来又陆续开始销售杀虫剂"Kiska"和"Nibeakurimu"等，但是为了拓宽销售公司的销路，开发上市更多消费者喜欢的新产品成了当务之急。丸田芳郎任营业经理时积累的经验激起了他作为技术人员的责任感。这是后来花王纵向一体化（vertical integration）经营的萌芽。

3. 技术基盘的准备

Kalonaito 化学有限公司和花王 Atlas 有限公司的成立

要想增加通过销售公司销售的花王产品，就必须要提高公司的研究、开发和生产能力。为此公司增加了研究部门的人员数量和研究经费，除此之外还引入国外的先进技术。1960年4月丸田芳郎兼任职制改革后新设立的技术开发部的首任部长。本书前面提到，这一时期的丸田芳郎作为常务董事和营业经理正在进行销售制度改革，所以丸田芳郎虽是技术人员却没有太多时间做本来的技术工作。但是公司引入海外技术时，丸田芳郎作为了解技术的经营者依然被公司寄予了厚望，不时为公司四处奔波。

1961年（昭和三十六年），花王已经统一为单公司7年，这年5月花王第一次通过与海外企业合资学习先进技术。美国加利福尼亚化学公司（加利福尼亚标准石油，即雪佛龙的子公司）和花王石碱共同创立了日本法人Kalonaito化学有限公司。丸田芳郎代表公司签署了合资协议，沼田明董事就任总经理，实际负责公司管理。

1963年1月，Kalonaito化学有限公司的工厂建造完成，工厂与花王石碱计划新成立的川崎工厂相邻，同年 8 月工厂生产的润滑油添加剂开始上市，这也正好是福冈花王商务公司成立的时期。为了工厂的建设，以沼田明总经理为首的数名技术人员被派遣至美国学习工程技术方法，他们灵活应用学到的各种技术慢慢扩大开发和生产的产品范围。这些努力使得 Kalonaito 化学有限公司被评为"加利福尼亚化学公司旗下最优秀的子公司"。对于以丸田芳郎为代表的花王石碱技术团队来说，这次经历让他们拥有了彻底分析实际情况，使自己的生产技术超越学习范本的自信[35]。

1963 年 8 月，花王石碱与美国 Atlas 化学公司共同创立了日本法人花王 Atlas 有限公司。Atlas 化学公司是 1912 年为响应美国反托拉斯法从杜邦公司独立出来的 Atlas 火药公司，涉及表面活性剂生产等多个领域，当时 Atlas 火药公司正为在日本生产表面活性剂寻找日本合资方，日方多家企业有合资意向，1962 年 2 月以丸田芳郎为首的花王石碱董事团队首次与 Atlas 化学公司见面，后来双方在短时间内开展了 7 次会谈，同年 3 月丸田芳郎等 5 名人员赴美，终于签署了合作文书。丸田芳郎等人感兴趣的不只是 Atlas 化学公司的表面活性剂技术，他们同样关注其他的相关技术。花王 Atlas 的新工厂建在了和歌山工厂内，新工厂负责生产丸田芳郎长期以来一直关注的产品，包括多元醇、聚酯树脂和硬质聚氨基甲酸乙酯用聚酯。通过合资，丸田芳郎等人不止学到了先进技术理论和服务与市场运营方法，更扩展了花王的生产领域。而且，花王与Atlas公司的互信关系在后来花王进军欧美时起到了很大作用[36]。

产业技术研究所的成立

建于和歌山工厂的合资公司——花王Atlas公司成立后，为了学习引入Atlas化学公司的技术，以花王Atlas经理佐野恒一为首的领导团队考察了Atlas化学公司的研究设备。除此之外，喜多久博研究室室长还考察了欧美的企业、大学和研究机构。

1964年5月，为学习引入欧美先进技术同时研究这些先进技术的基础科学技术，公司在和歌山工厂成立了产业技术研究所，成立该研究所是丸田芳郎大约一年前的构想。丸田芳郎因营业经理的工作去关西出差时去了自己原来工作过的和歌山工厂，与这里的年轻研究人员畅谈。丸田芳郎又回到了自己最初的工作情境，与担负着花王未来发展的年轻人一同描绘花王的蓝图。据当时的一位研究员新井澄雄（1958年进入花王公司）说，1963年新井澄雄正在美国留学，丸田芳郎到他的学校去看他时说，"我正在考虑产业技术研究所的事"[37]。

据研究员桧山修（1961年进入花王公司）说，产业技术研究所刚成立时年轻的研究员都不称呼丸田芳郎为"丸田常务"而是直接叫他"丸田君"。对于年轻的研究所员工来说，出席研究所每月例会的丸田芳郎给他们的印象是："丸田芳郎给了和歌山踏踏实实从事化学品和油脂原材料生产的研究团队支持和帮助，是可信赖的保护者""有严格的一面"，另一方面也能"听取年轻人的意见，十分亲切"[38]。

除每月的例会之外，丸田芳郎还会考察各研究室。丸田芳郎与这时成为研究所所长的喜多久博一起考察各研究室，听取研究内容，鼓励年轻研究员。丸田芳郎虽然在建立最接近消费者的销售体系，但对于技术人员出身的丸田芳郎来说，能够为消费者提供更好的产品的研发人才和研发成果才是最重要的。

实现洗涤剂的可降解化

花王Atlas公司创立当年的合成洗涤剂产量超过了肥皂产量。应注意的是，不是矿物油系和高级醇系的总产量超过了肥皂产量，而是仅矿物油系的合成洗涤剂产量就超过了肥皂产量[39]。

这时，矿物油系合成洗涤剂的主要原料ABS（烷基苯磺酸盐）带来的危害成为全社会广为关注的问题。比如：误饮厨用合成洗涤剂、洗涤剂对餐具蔬菜的影响等安全问题；井水污染、污水处理厂和河里满是未降解的洗涤剂等对环境造成恶劣影响的环境问题等[40]。面对社会的批判，丸田芳郎作为研发团队领导人鼓励研发团队着手解决这些问题。

政府的意思是把ABS换成生物分解性更高的LAS（直链烷基苯磺酸盐）。这是洗涤剂可降解化的一个方向。不少的洗涤剂制造商都发售了以LAS为原料的洗涤剂。花王的洗涤剂可降解化从厨用洗涤剂"Family"开始。1965年11月，新的可降解洗涤剂发售。新洗涤剂并没有选用LAS，而是使用了花王的传统技术——高级醇制造技术，除了完全未使用ABS之外，该洗涤剂还加入了从宝洁引进的防伤手成分。而对适用于棉布等衣物的重质洗涤剂进行可降解化改进的第一步是生产出了"New Wonderful"，该产品是AS（烷基硫酸钠）和LAS的混合物。研究团队不断进行研究、改良产品，又推出了新的"New Beads"（1967年2月，原产品1963年2月发售）和"Super Zab"（1968年2月）。由此，重质洗涤剂的三大主要品牌"Wonderful""New Beads"和"Zab"全部实现了可降解化。

丸田芳郎在推进洗涤剂的可降解化基础上，为确保原料来源的经济性和稳定性都适合而四处奔走，他还到国外的先进企业引进技术。丸田芳郎对美国 Ethyl 公司先进的高级醇合成技术非常感兴趣。1965 年，丸田芳郎已经有了和持有此技术专利的 Ethyl 公司成立合资公司的具体构想，但最终由于各种原因未能实现。这次合资的失败是丸田芳郎等人后来不得不将菲律宾等地作为原料来源的原因之一[41]。

就任副总经理和"纵向一体化经营"理念的萌芽

1968 年（昭和四十三年）5 月，这时重质洗涤剂已基本实现了可降解化。新花王石碱首任总经理福岛正雄卸任担任了近 14 年的总经理职位，副总经理伊藤英三升任总经理，常务董事丸田芳郎改任专务董事。这时丸田芳郎 53 岁。丸田芳郎从任专务董事起开始有代表权。1990 年 6 月，丸田芳郎退任总经理就任公司董事长，依然有代表权。1994 年 6 月，丸田芳郎就任公司顾问，不再有代表权。所以丸田芳郎在有代表权的董事职位上的就职时间总共有 26 年[42]。

1969 年 5 月 30 日，丸田芳郎就任副总经理。实际上，在这之前公司就是由伊藤英三领导，由丸田芳郎负责具体工作。所以，这次丸田芳郎就任副总经理可以说是总经理与副总经理组成了名副其实的"总经理·副总经理"的黄金搭档。

丸田芳郎根据自己任职营业经理时积累的经验，在和与海外企业协作获得的实际成绩以及公司事业范围扩大的基础上，把研究、开发、生产和销售等部门的分工有机地结合了起来，树立起了整个公司的经营观。成为副总经理的丸田芳郎在公司内部报刊上号召公司全体员工改变观念[43]：

对于花王员工来说最重要的事情有两件。第一，我希望你们能努力生产出比任何制造商的产品都优秀的商品，而且是任何制造商都模仿不来的优秀商品。第二，怎样把我们想要与消费者共享这些优秀商品的真心和诚意表达出来。

不是"这能卖出去吗……"，必须要有"花王对自己的商品有信心，如果你不用花王推荐的商品，对于你来讲是一个很大的损失"这样的强大的信念和自信。

为了达到这种状态，首先每一位员工要站在消费者的立场上试用花王产品。作为试用的消费者和消费者利益代表坦率地说出能否接受这一产品。

如果用新产品举例来说就是，公司每出一款新产品都要向全体员工详细介绍这款产品的生产过程和产品特长。

然后向员工分发样品，实际使用之后说出是否认为该产品的品质与说明一致，然后将意见汇总。

绝对不能有"既然是新产品，那么肯定是经过研究所的充分研究才生产出来的。而且都是普通人做的工作，这样差不多就行了……"的想法。因为要想自信地向消费者推荐这款产品，即便有一点儿质量问题都应该指出来立即改进。

我认为生产可以自信地向消费者推荐的产品和把这些产品分享给更多的人是我们的使命。

我们从中可以窥见后来丸田芳郎树立的求道修行、追求真理的经营观，也可以看出花王正向着打造全体员工发挥各自创造性并且将研究、开发、生产、销售有机贯穿起来的纵向一体化经营方向发展。

4. 与骨肉亲人的离别

父亲去世和丸田芳郎住院

丸田芳郎就任专务董事5个月后，1968年（昭和四十三年）10月7日父亲丸田芳三去世，享年88岁。丸田芳郎的父亲是一位教育工作者，曾向受伤后的小丸田芳郎讲："身体发肤……"，父亲对丸田芳郎的人生道路也产生了重要影响。对于丸田芳郎来说，父亲的去世是26年前抚育他长大的继母祯去世后他失去的又一个内心支柱。

1970年1月，丸田芳郎和家人一起去滑雪时撞到了膝盖，导致膝盖处的肌腱断裂，不过还不影响行走。新年假期结束后，丸田芳郎去澳大利亚出差，走在墨尔本的路上情况突然恶化摔倒在地。丸田芳郎马上回国在山形县的藏王医院开始了两个月的休养。对于长期奔波于国内外的丸田芳郎来说，在这段时间里他可以眺望一下周围久违的自然景观。丸田芳郎在这里可以望到藏王山与儿时常去的冠着山等众多信州美丽的自然景象。但是，对于一心扑在事业上的丸田芳郎来说，即便在休养中也很难静下心来去欣赏这些景观吧[44]。

受丸田芳郎影响他的家人都热爱滑雪。长子丸田诚一就是一名滑雪爱好者，而且与妻子角子也是在滑雪场上相遇的。然而，与游泳相比，丸田芳郎并不是那么擅长滑雪[45]。

丸田芳郎在藏王住院期间给伊藤英三总经理写过很多信。信的内容都是培养下一代年轻经营者和自己是否应该像川上八十太博士建议的那样离开销售等业务回归本来的研究开发工作中。这一时期产业技术研究所还没有出过什么大的成果，所以丸田芳郎的上述想法也合乎情理。

末弟严的病逝

1970年7月，在父亲去世两年之后又一个大的悲剧发生了。丸田芳郎最小的弟弟丸田严在英国利物浦出差时突然去世，原因是发生了急性肠胃病，虽然进行了紧急手术但仍未能挽回生命[46]。

丸田严1922年（大正十一年）3月出生，比丸田芳郎小7岁多。1942年（昭和十七年）丸田严从上田蚕系学校毕业后进入名古屋大学理学部学习，第二次世界大战结束后第二年即1946年3月从该学校毕业并进入花王工作。先是在酒田工厂工作，后来进入和歌山工厂的研究所[47]。1960年前后，丸田严进行了不同于和歌山研究所主任的研究课题，负责纤维油脂制品和工业用洗涤剂的研究[48]。丸田严对1963年2月发售的易起泡易漂清的起泡型洗涤剂"New Beads"[49]的开发也做出了贡献。

之后，1964年丸田严转任家政科学研究所所长，这正好是丸田芳郎构想成立产业研究所的时期。丸田严以这一新身份在公司内部报刊上介绍了去污的作用过程、洗涤剂的成分和功效、更好的清洗方法和自己参与开发的"New Beads"的关于"泡"的内容。丸田严是一位优秀的研究者，在高分子表面活性剂的研究上具有独创性，1966年被授予油脂技术论文奖，因聚氨酯可降解化的开发被授予工业技术院奖。

丸田芳郎是一个公私分明的人。丸田严和丸田芳郎同样是技术人员，丸田芳郎又经常去丸田严工作的和歌山研究室考察，所以兄弟俩必然会有交集，但丸田芳郎从未与弟弟丸田严公开地见过面。现在虽尚未发现资料表明丸田芳郎对丸田严持有怎样的期待，但是，丸田严和哥哥一样同为技术人员而且和哥哥在同一公司，可见丸田芳郎对这个弟弟的期待还是很高的吧。

丸田芳郎面对川上八十太博士"作为技术人员应该一心一意"的忠告依然选择了经营者的道路。这种情况下，丸田芳郎也许是想把自己没有完成好的事情交给弟弟丸田严吧。

不管怎样，丸田芳郎对弟弟丸田严寄予了很高的期待。丸田严的去世对于丸田芳郎来讲是一个特别沉重的打击。因为丸田严是因业务在出差过程中去世的，所以丸田芳郎作为经营者也负有责任，一想到这一点丸田芳郎的内心便会更加痛苦。

注释：

1 此处关于花王油脂的经营危机及其背景和花王石碱与花王油脂合并的相关内容根据日本经营史研究所编（1993）《花王史100年》（花王股份有限公司）191—223页等资料编写。

2 落合茂（1973）《伊藤英三——其人及贡献》（花王石碱股份有限公司）203—204页、永川幸树（1989）《常住真实——惊异的花王跟着丸田芳郎学经营》（奈斯科[日本映像出版]·文艺春秋）146页。

3 前述《伊藤英三——其人及贡献》202—203页、吉田时雄（1993）《丸田芳郎勇者的经营》（TBS百科全书）61—62页。

4 城山三郎（1982）《梅香人心——伊藤英三传》（讲谈社文库）173—

174页。

5 丸田诚一所述。

6 丸田诚一所述。

7 前述《梅香人心——伊藤英三传》173页。

8 前述《花王史100年》262—267页。

9 若无特别说明，关于此时期花王海外事业的内容均根据《花王史100年》的305—308页、430—443页和521—534页以及90周年纪念出版编辑委员会编（1980）《4000人的人生轨迹》（花王石碱股份有限公司）249—290页编写。

10 丸田诚一所述。

11 花王股份有限公司《KAO FAMILY》特别临时增刊《原会长丸田芳郎纪念》（2006年7月）6页。

12 前述《4000人的人生轨迹》255页。

13 目黑工房（1972）《我走过的道路20人集》第一卷（现代信浓人物志刊行会）462页。

14 前述《花王史100年》264—267页。

15 关于花王引入转售价格维持制度之前缩短交易时间的内容可参考佐佐木聪（2007）《日式流通的经营史》（有斐阁）263—306页。

16 佐佐木聪（2007）《日式流通的经营史》（有斐阁）277—278页。

17 根据对丸山源一的采访编写。

18 前述《日式流通的经营史》324—331页。

19 前述《花王史100年》361页。

20 丸田芳郎纪念册刊行规划中心编《一心不乱——丸田芳郎的工作》（花王股份有限公司）143—144页。

21 花王石碱股份有限公司PR部编（1967）《花王销售公司真的成就了经营吗》（非卖品）124—125页。

22 若无特别说明,关于与大荣的交易关系的内容均根据土平恭郎(1998)《花王·丸田芳郎最强经营》(产能大学出版部)41—44页、前述《花王史100年》367页和377—378页等资料编写。

23 日经流通新闻编(1993)《流通现代史》(日本经济新闻社)129页。

24 明治大学经营学研究所《经营论文集》第54卷第3、4期112页佐佐木聪(2007)《P&G的日本进军和日本企业的竞争战略》。

25 关于销售公司初期的内容可参考明治大学经营学研究所《经营论文集》第55卷第2、3期佐佐木聪(2008)《花王初期销售公司的成立过程和经营状况》。

26 前述《花王史100年》367页。

27 前述《丸田芳郎勇者的经营》56页。

28 根据对协助成立销售公司的日本东北地区的批发企业经营者的采访编写。

29 丸田芳郎(1984)《我的人生观我的经营观续》(花王石碱股份有限公司宣传部)277—278页(原载于《PHP》1980年4月10日)。

30 根据对此时期进入公司的销售公司相关人员的采访编写。

31 根据对参与销售公司成立的相关人员的采访编写。

32 同上。

33 关于各地区销售公司的成立情况和合并过程可参考明治大学经营学研究所《经营论文集》第56卷第1、2期佐佐木聪(2009)《京阪神等近畿地区花王销售公司的成立和合并过程》、该论文集第56卷第1、2期佐佐木聪(2009)《中国(译者注:指日本本州的西部地区,包括冈山、广岛、山口、岛根和鸟取五县等)、四国、九州和冲绳地区的花王销售公司的成立和合并过程》、该论文集第56卷第3、4期佐佐木聪(2009)《中部地区花王销售公司的成立和合并过程》、该论文集第57卷第4期佐佐木聪(2010)《关东、甲信越地区花王销售公司的成立和合并过程》、该论文集第58卷第3期佐佐木聪（2011）《北海道、东北地区（译者注：指日本本州的东北部地区，包括青森、岩手、秋田、宫城、山形、福岛六县）花王销售公司的成立和合并过程》和该论文集第60卷第2、3期佐佐木聪（2013）《花王大区域销售公司的全国合并和合并后的经营状况》等资料。

34 前述《花王史100年》276—280页、花王博物馆·资料室编（2012）《花王120年》（花王股份有限公司）238—240页。

35 前述《花王史100年》280—283页、前述《花王120年》240—243页。

36 前述《一心不乱——丸田芳郎的工作》156—158页。

37 前述《一心不乱——丸田芳郎的工作》160页。

38 佐佐木聪（2016）《产业经营史系列10 肥皂·洗涤产业》（日本经营史研究所）95—97页。

39 前述《花王史100年》400—405页。

40 前述《花王史100年》488—496页。

41 根据丸田诚一对公司内部资料的调查编写。

42 花王石碱股份有限公司《花王family》No.49（1971年7月刊）6—7页。

43 前述《一心不乱——丸田芳郎的工作》167—172页。

44 丸田诚一所述。

45 丸田诚一所述。

46 此处关于丸田严的人物经历的内容根据花王股份有限公司提供的《丸田严简历》编写。

47 前述《花王史100年》310—311页。

48　前述《花王史100年》257—258页
49　花王石碱股份有限公司《花王family》No.7（1964年7月）8—9页。

V 就任总经理和初期考验

1. 突然的总经理任命

伊藤英三突然去世和丸田芳郎就任总经理

末弟丸田严突然去世后的第二年,丸田芳郎再一次受到了巨大打击。1971年(昭和四十六年)10月2日,一直帮助鼓励着丸田芳郎的伊藤英三因肺癌去世,享年68岁。这年春天伊藤英三因为腰痛去医院做了检查,没想到被诊断为肺癌。丸田芳郎还有伊藤英三的亲朋好友和医生商量后决定瞒着他。伊藤英三接受了各种治疗,但是都没有效果,最终还是去世了。

伊藤英三从去世前的两三天就开始卧病在床了,在这期间丸田芳郎抽空去参加了旧制长野中学的同学聚会。丸田芳郎在聚会上收到了伊藤英三病危的消息,他赶回来时伊藤英三只剩下几个小时的时间了。丸田芳郎说:"伊藤英三去世是10月2日凌晨5点刚过,这时天还没亮,从前一天晚上开始一直下着的雨停了,透过云彩的缝隙能看见星星了。"这么多年来经历了各种各样的苦难,面对总经理的去世丸田芳郎百感交集,哭了许久。这时丸田芳郎想,"我甚至想和总经理一起离开公司,剩下的时间专注研究,做一个不谙世事的学者,以此方式了结余生。但是,考虑到公司里许多员工的悲伤和不安,完成总经理未完成的事业和巩固公司的基盘也是必须的"[1]。

这时有一个人给了丸田芳郎强大的鼓励和支持,"你做总经理吧,你能行!"这个人就是经营危机时,推荐福岛总经理任花王总经理的原安三郎(日本化药总经理)。原安三郎在财界是一个热心肠的人,他甚至鼓励来找他商量的丸田芳郎,"我会买花王的股票来支持你的"。得到原安三郎的鼓励后,丸田芳郎坚定了继任总经理的决心[2]。

10月12日,伊藤英三去世后的第10天,花王召开了决定总经理继任人的临时董事会,丸田芳郎当选总经理。1968年伊藤英三任总经理后,福岛正雄退任董事长,常务董事郡司坚二和丸田芳郎就任专务董事。1969年5月丸田芳郎就任副总经理。福岛正雄(经团联事务局)和郡司坚二(日本银行证券局)都是来自外部的经营者,他们在对外活动和财务事物上拥有杰出才能,但是都不习惯油脂化学企业的经营。所以,多数人认为从这时起伊藤英三—丸田芳郎就成了经营的核心。所以，丸田芳郎被选为总经理是自然的[3]。

就任总经理的丸田芳郎在公司的董事会、部长及事务所所长会议等场合都表明了自己如下的信念[4]，充分体现了丸田芳郎所追求的经营者形象和他信仰的人生观。

在伊藤总经理之后，我接过了总经理的重任。伊藤总经理经常说新一代员工要心怀公司未来，而且必须付诸实践。我将继承伊藤总经理的这一理想，并且为了实现理想而努力。

虽然人的生命是有限的，但是公司可以生生不息。为了公司能够永远延续下去，包括总经理在内的全体董事都不可以将公司视为自己的私有物品。我负责公司实现生生不息之前的过渡期，我们一定要坚定全力以赴度过这一时期的决心。专务董事、常务董事以及其他所有董事还要有承受如下压力的特质。

也就是说无论公司内外，在远见卓识、高尚人格和人际关系等方面都具有威望，具有长期的未来展望、长期构想和先见性，有在这些长期洞察力的基础上做好日常工作的能力。另外还能时常发挥创造性，面对机遇不惧失败，拥有果断执行的能力。在这些条件的基础上，还特别要求对公司的忠诚心和责任感。这是作为董事的基本条件，不能做到这些的人没有做董事的资格。

以此为基础，各责任董事分别拟订方案，相互协作、充分沟通，平时注意整理优秀想法，有突发情况时必须能够独立采取正确的处理方式。

为了达到这一目标，为了让公司成为全新的公司，为了全新的公司能够永远发展下去，必须要培养人才。新一代员工将以我们这一代人为跳板获得更大发展，必须把工作逐渐交付给能力与见识兼备的新一代年轻人。

每个人都有尊严和自由。只有把每个人的特长融合在一起，才能尽到企业的社会责任。

丸田芳郎上述的决心可能是受到他从年轻研究员时代就开始听管弦乐团演奏的影响。为了协调每个乐器的演奏员的能力以达到更好的演奏效果，乐团指挥是非常重要的，指挥在很大程度上决定了演奏效果的好与坏。丸田芳郎深知指挥的重任。

上面提到的"责任董事"制是丸田芳郎就任总经理后开始酝酿的经营团队的责任分担制度。其内容本书后面将详细介绍，后来这一制度变成了本书后面提到的"五总部"制度，在职制上实现了具体化。

作为领导人的自我要求

丸田芳郎作为公司经营总指挥，就任总经理5个月后在一出版物上表明了自己的三点自我要求[5]：

第一，包括自己在内的公司全体董事和普通员工除了通过工作向社会做贡献以外，要时刻注意完善品格，这样的内心修养一刻不可怠慢。同时，公司是一个修行的地方，要让自己成为一个公司内外众人学习的楷模，至少要让70%的人景仰自己。

第二，作为领导人必须要看到十年、二十年后的情况，时常给员工蓝图和希望。要让员工理解各自工作的目的和意义，这样员工在工作中才能倾尽全力，发现人生意义。这样的领导人也必须是一个社会教育者。

第三，企业由于内外部各种因素有盛衰变化，我们要发挥洞察力、果断决定、实行和反省，在这些的基础上还要向神祈祷企业的业绩能够给周围的人们带来最大的幸福。

丸田芳郎认为自己就任总经理的时期是"世界政治、经济的剧变期，对于日本来说是决定未来日本民族命运的极其困难的时期"。政治上，指越南和朝鲜等的南北问题以及阿拉伯和以色列的对立；经济上，指尼克松冲击（译者注：指美国总统尼克松1971年8月15日宣布实行"新经济政策"，对日本产生了很大影响）[6]。

1971年8月，也就是丸田芳郎就任总经理前的两个月，时任美国总统尼克松宣布停止美元兑换黄金。这是美国在美元信用不稳的情况下采取的美元防卫政策，这一政策使战后国际货币体系崩溃，被称为"美元危机"，再加上前一个月的尼克松总统访华公告，也称为"尼克松冲击"。

高层管理体系的建立

丸田芳郎正是在这样一个经营环境的巨变期就任总经理的，但是也只有在环境的巨变期才能体现出经营者真正的价值。

就任总经理后，丸田芳郎首先实施的是责任专务董事制和责任常务董事制，这在本书前面已提到过。随着产品系列的多样化，花王石碱逐渐采取了按照产品类别分配责任的体制，家庭用品作为花王石碱最大的事业领域则是按照职能来划分部门。但从整体来看，决策权都集中于高层管理人员。

为提高决策速度和组织的灵活性，丸田芳郎把除总经理直管业务（秘书室、PR部、人事部、技师长、大阪营业所、产业科学研究所、应用开发研究所、食用油·食品研究所）外的所有业务都分配给了两位专务董事和三位常务董事。各董事负责的事业领域如下[7]：

沼田明专务董事：商品开发部、市场部、宣传部、家庭用品研究所、花王生活科学研究所、妮维雅花王、部分商标事务。

西胁芳夫专务董事：公害对策总部、各工厂、九州工厂临时建设部、总务部、采购部、设备技术部、包装技术部。

佐野恒一常务董事：系统开发部、管理部、管理联络部及销售部的接单·配货系统。

荒井一雄常务董事：财务部、专利商标部、化学品总部、Kalonaito 化学、花王 Atlas、日本纤维、日本大西洋、BB 化学、Sinor 花王（译者注：位于西班牙）。

伊东克郎常务董事：销售部 [含销售公司、用户画像（译者注：对目标用户人群的属性进行定义，设定虚拟的人物形象，并设定多个可以表现其生活方式的要素，对其必定会购买的商品和广告进行策划设计）]、特别销售部、海外事业部、花王（香港）股份有限公司、泰国花王实业、马来西亚花王、月星化工、中国台湾花王。

五位董事在各负责领域被赋予了很大权限，需要具备灵活的决策力和卓越的领导力。有了这五位董事的辅佐，丸田芳郎作为总经理就能把更多的精力集中在全公司的战略性决策上。

也可以说，在总指挥的基础上又设置了各分管领导。这样，花王的高层管理体制就能够发挥战略灵活性。1973 年 6 月，原销售部、原市场部、原生产部和原开发部等与家庭用品事业有关的各部门合并，成立了家庭用品事业总部。

物流系统的建立

市场方面，20世纪60年代花王石碱筹备成立销售公司期间就建立了批量生产的体制，那时丸田芳郎还是常务董事兼营业经理。但是批量生产实现了，物流方面却一直跟不上。花王石碱虽然采取了对策，但是难以充分应对此时期环境的迅速变化[8]。

于是，丸田芳郎在就任副总经理的第二年（1970年）制订了"物流现代化五年计划"，进行彻底改革。目的是实现花王与销售公司的一体化，提高流通生产率，实现物流人员工作环境的现代化，建立合理的物流体系，使商品能够顺利地从制造商（即：花王）到中间商（即：花王各销售公司），再到销售公司的销售对象（即：零售店），最后顺利到达到消费者手中。

具体来讲，作为制造商的花王在1970年成立了位于日本横滨的港北物流中心后又在京阪地区和大阪相继成立了六处DC（Distribution Center 配送中心）。另一方面，作为收货方的销售公司开始建设允许大型特殊卡车自由出入、运货板运货和叉车进行库内作业的仓库。运货板采用日本工业标准JIS的T11型钢材，实现了从工厂上货到销售公司的商品流通均以运货板为单位进行。与此配合，交易单位变成了运货板单位——捆。

除此之外，信息系统的建立也在进行。丸田芳郎就任总经理的第二年（1973年），以日本电电公社开放公用电话线路为契机，通过公用电话线路将总部的大型电脑和各工厂及各销售公司的小型电脑连接，形成了线上供货系统。这样，公司就可以根据销售公司每日的销售额信息和库存信息计算出恰当的出货量，自动向各销售公司配货。线上供货系统并不是同时实现的，1974年位于大都市的四家销售公司率先实施线上化试验，次年逐渐进入实际运行。1978年，全国线上供货系统建立完成。

这一时期，日本的产业整体都在进行信息系统的升级。花王于1975年也成立了LIS（Logistic Information System 物流信息系统）委员会，不断推进物流系统的发展。

2. 面对洗涤剂恐慌

洗涤剂恐慌的发生

1973年（昭和四十八年）10月，也就是丸田芳郎就任总经理的第二年，第四次中东战争的爆发引发了石油危机，日本被视为支持以色列的美国一方，被限制了石油供给。丸田芳郎的预料"世界政治、经济的剧变期"成真了。

在这之前油脂业界椰子油、牛油等天然原料的价格就开始飞涨，石油化学企业生产的合成洗涤剂原料烷基苯等也供应不足。1972年6月提出的《日本列岛改造论》（译者注：日本首相田中角荣1972年竞选自民党总裁时提出的日本列岛综合改造计划。其主要内容为重新调整产业结构，扩充交通网络）等造成经济过热，使人们感到物资不足和物价上涨，再加上此时的石油危机，人们开始疯狂抢购，包括卫生纸、合成洗涤剂和灯油等。

为解除洗涤剂恐慌，以花王为首的制造商首先采取了增加产量、削减库存增加出货量的措施。丸田芳郎等公司领导要求花王各销售公司年末清空库存。

其中部分零售店趁机抬高价格，原价600日元的"Popinnzu"（洗衣剂）涨到了880日元。对此，花王认为，"禁止低价出售的转售指定商品在此时期高价出售不利于维持价格稳定"，因此同年12月20日全面停止了出货。丸田芳郎说："趁机抬高价格的零售店数量占不到全体的1%。但是以不恰当的价格卖给部分消费者是不公平的。停止向零售店出货在法律上有很多解释，制造商有责任果断采取措施"[9]。

应对"批发商私藏货物"报道

1974年新年伊始，经过通商产业省（现经济产业省）的斡旋，1月10日左右原料供应终于得到了确保，花王石碱得以重新增加生产。1月17日（星期四）早七点的NHK新闻报道了这样一则消息，"'藏起来的洗涤剂'在批发商仓库里堆积如山——东京"，内容是"总部位于南青山中央物产的三鹰仓库有大量库存，对此知情的制造商停止了向其供货并且指示中央物产今天放出全部库存商品"，同时播放了仓库存放的堆积如山的各种产品、主妇抗议和仓库负责人辩白的画面，还播放了丸田芳郎"我对此深表遗憾，已指示立刻把产品送到消费者手上……无论是销售公司还是中央物产都立刻（向零售店）发货"的采访画面。

该日，东京通商局确认了中央物产三鹰仓库的库存数量，共有3434件产品。对于以普通零售店、超市和商品流通较慢的百货商店为销售对象的中央物产来说，这些产品仅相当于3天左右的销售量。但是，次日（1月18日）各报纸为了追踪此事件，依然大肆报道，给民众造成了批发商惜售私藏洗涤剂的印象[10]。

然而事实并非如此。1月15日，住在花王代理店中央物产三鹰仓库附近的一主妇向NHK打电话反映"入库频繁却无出货的迹象"。得到此线索后，NHK记者去三鹰仓库进行了采访确认，但因此时期中央物产总部青山正在改换电脑管理，并未调查清楚真相。三鹰仓库负责人无法得知准确数量，但是由于无论如何都要做出回复，便回答记者"库存量大概是8000到10000"，这使事情变得更加可疑。于是NHK记者向花王石碱提出了采访要求，花王欲向中央物产进行确认，但由于电脑运行不佳未能进行。花王石碱就这样面对了采访，并做了"如果中央物产确有10000库存，将立刻停止向其供货"的总经理讲话。但是，报道中删掉了"如果"，把10000库存认定为了既定事实，像既定方针一样，报道"停止向其供货……"。

NHK报道此消息的次日（1月18日，星期五），丸田芳郎在上午8点30分开始的NET（今日本朝日电视台）《奈良和早间节目》（花王石碱是赞助商之一）中对群众质疑做了冷静且恭敬的解释[11]：

为了不让洗涤剂恐慌给消费者带来困扰，花王石碱一直在努力增加产量，员工们夜以继日地工作，有的员工甚至连自己刚出生的孩子都还没有来得及看一眼。98%~99%的花王销售公司（当时为99家）和代理店（当时约2000家）也都是以消费者利益为先，都比平常减少了库存，到货后马上出货。报道中涉及的中央物产（代理店）除了超市之外还管理关东一带的百货店，公司向其确认情况后，得知此代理店也在努力比平常增加出货量。1月15日(星期二)出货暂停是因为这一天恰逢节日，因此前一天进的货没能及时出货。

就像本书后面第三部分介绍的一样,丸田芳郎和中央物产的丸山源一总经理于公于私都非常亲近。但是他们公私分明,并且都持有消费者优先的经营理念,所以两人的关系未因报道而受影响。两人"君子和而不同",关系亲近却不苟同对方,互相讲自己心之所想,从不附和对方。

在国会的应对

洗涤剂恐慌很大程度上是消费者对物资的不足感过强造成的,消费者比平时囤入了更多的备用品。但是,社会大众对零售店、花王销售公司、代理店(中间流通)和制造商靠"惜售"和"涨价"获取"不正当利益"的批判声却很高。

丸田芳郎成为这些批判声的众矢之的。正好中央物产被报道后的第二个月,即1974年2月丸田芳郎作为参考人,被要求出席众参两院商议物价问题的预算委员会会议[12]。

在2月27日众议院预算委员会上,花王受到了执政党和在野党委员的质疑。这些委员认为,花王在前一年11月向零售店发放的《花王贩卖报告》中的通知"废除花王产品定价"是引发"涨价"和"囤货"的原因之一,而且价格修订应该征得公正交易委员会的许可。

面对上述批判，丸田芳郎承认了自己的不慎，并做出了如下解释。在原材料价格持续上涨的趋势下，花王石碱认为"不能再采用事先预想的定价"，于是花王向零售店传达了抛开花王产品定价的精神。关于价格修订，征得公正交易委员会的同意进行价格修订需要提前约半个月至一个月，否则会引起混乱，所以事先准备好了印刷资料。

接着，销售公司制度也成了被批判的对象。根据某批发商写的材料"花王销售公司成立后，顾客和员工都转移到了花王销售公司，自己不得不放弃销售花王产品"，会议上有人认为花王采用强制手段强化对流通的控制，而且正在进行的销售公司合并在一定程度上导致了"零售店的悲哀"，这是造成洗涤剂恐慌的间接原因。

对此丸田芳郎强调了销售公司制度的合理性和销售公司制度带给销售店和消费者的益处。"花王销售公司的成立大大缩短了流通时间，加快了流通速度。销售公司有利于推广最重要的商品，促进商品的流通，防止商品不均衡，并且能够提供尽可能准确的商品信息，使店家更好地服务消费者"。

关于价格上涨则甚至有一些毫无根据的批判。"明明成分没有任何变化，却改一个新名称在电视上宣传，然后涨价。再慢慢减少与新名称产品的成分没有任何区别的旧名称商品的生产。也就是说，缩减便宜商品的生产，增加昂贵商品的生产。这种行为置消费者的选择权于何地？这不是剥夺消费者的选择权吗？这是垄断行为"。

上述批判主要是针对"Popinnzu"等商品的。为对抗宝洁进入日本市场，花王石碱1973年2月发售了"Popinnzu"。对上述质疑，丸田芳郎反驳道："'Popinnzu'可以与漂白剂一起使用，不是欺骗消费者的商品。为了公司名誉我必须声明花王石碱并未做上述不道德行为"。

还有人在会上提议着眼于现有品牌的改进，控制新品牌的开发，通过容器、包装的改进和取消宣传费用来降低价格等。丸田芳郎对此这样回应："新品牌必然有新技术创造，有新功能。为了与旧品牌相区别，在提升公司文化方面以新品牌销售无论如何都是必需的，今后花王石碱仍将不断开发新品牌。但是，花王石碱也绝不会做上面提出的为了涨价而开发新产品的事"，强烈反对了减少新产品开发的提议。

关于宣传费用的问题，丸田芳郎回应道："我们一直秉承合理宣传的理念，不过度宣传，并且让我们的宣传对消费者有帮助"，间接地表明了宣传的必要性，而且表现出了消费者利益优先，追求合理广告、宣传的理念。丸田芳郎成为营业经理后学习了很多广告和市场方面的知识，他的基本理念是"广告要传递让消费者生活更加美好的信息"[13]。

在4月3日的参议院预算委员会会议上，有人提出了"难道不应该按照东京都的要求进行原价公开吗？"对此丸田芳郎回答："原价公开有很多条件，比如人们的睿智、创造以及其他的很多东西。所以，不止在自由主义社会，就算是在社会主义社会，对于企业来说原价公开也不一定都能够实行。在疑惑很深的情况下有时确实必须在某种程度上公开原价，但也是在充分信任的基础上才能实现。实际上我们对社会党的某些人员已经公开了洗涤剂原价，当然这也是基于个人信用之上。原价公开全世界都无先例，所以我拒绝公开原价"。接受此回答的社会党议员再三逼迫丸田芳郎向大众公开原价，但是丸田芳郎都果断拒绝。

也许正是因为丸田芳郎是一个既擅长技术又熟悉经营的经营者，他才能够做出如此详细又正义凛然的反驳吧。在今天看来，议员的这些质问是受基于错误判断的媒体评论和社会舆论驱使的。然而，并不是所有国会议员都受到了错误舆论的影响。丸田芳郎说："在野党的议员都缺乏学习，但是自民党的政调会长藤尾正行和奥田敬和（此二人也是对《花王贩卖报告》提出疑义的执政党委员）却充分调查了实际情况，并且支持我们说'花王是不会做坏事的'。通商省基础产业局总务课长平松守彦在原料准备方面也给了我们很多帮助"[14]。

都议会（译者注：东京都的决议机关）物价问题等对策委员会也在国会中提出了质疑。这年的三月份东京都物价局提出了一份主旨为"洗涤剂不足的原因是业界限制生产和操做出货"的报告书。对此，丸田芳郎等人在1974年5月16日提出了诉讼，要求时任都知事美浓部赔偿损失并在报纸上公开修正。提出诉讼约5年后，终于在1979年3月12日一审胜诉。但是，对方提出了上诉。结果，因为都知事换人，此事以和解收尾[15]。

丸田芳郎面对无理说法坚决寸步不让的形象，在以其为榜样的花王石碱员工和业界人员的眼里该有多么伟大啊。丸田芳郎一直铭记花王创始人长濑富郎的教诲，"天行正道"。对于眼不容沙的丸田芳郎来说，绝不会屈从于这些无理说法，而是与之坚决斗争。

3. 资本自由化的对策和股东大会的公正化

外资进入和"丸田书信"

丸田芳郎还要应对进入日本市场的外资企业，而他的对手正是此前自己从中学到了很多东西的宝洁。

1972年12月，宝洁与1969年10月由日本三家公司（第一工业制药、旭电化、三环石碱）共同出资成立的日本sanhome和伊藤忠商务公司，协作成立了新的P&Gsanhome。最初日方与宝洁美国总部各出资50%，后来随着美方不断增资，美方在所有权和经营权上占有越来越大的比例，1978年7月成为100%美方出资的日本法人[16]。

1977年7月1日丸田芳郎给日本石碱洗剂工业会（沼田明会长）写了一封信，谴责宝洁的贱卖问题。丸田芳郎在信中说，"日本传统的商业习惯与美国全部售空制度不同，日本制造商与批发商、零售商是一个共同体，共同努力以实现共存共荣。然而贵工业会员P&Gsanhome无视日本商业习惯，巧妙利用零售商尽可能地提高销量的商业心理，贱卖公司产品吸引顾客以求提高市场份额。这种做法不合适，不得不从正面反击跨国企业不合伦理的行为"[17]。

本书前面提到过，花王向亚洲进军时丸田芳郎会尊重各地区的实际情况和习惯。所以，上述书信中"无视日本商业习惯"和"跨国企业不合伦理的行为"是丸田芳郎最感到气愤的地方。

丸田芳郎向全国石碱洗剂化妆品牙膏杂货批发商组合联合会（全批联）和日本石碱洗剂工业会递交了同样主旨的书信，引发了巨大影响。丸田芳郎如此强烈谴责是因为他难以容忍P&Gsanhome贱卖以求提高市场占有率的做法。关于P&Gsanhome的不断增资，丸田芳郎断言，"不断增资正是大型跨国企业宝洁，用在本国美土的高额利益填补在日本的亏损，以在法律允许范围内减轻纳税——其在日本的一切事业均未缴税，并计划提高在日本的市场份额的证据"[18]。

P&Gsanhome1976年发售了"液体洗涤剂Bonus"，次年又发售了"厨房用洗涤剂Bonus"。1978年日本的市场占有率情况为：花王35%~40%，狮王25%，P&Gsanhome以20%位列第三[19]。然而其背景是P&Gsanhome的主力产品2.65千克装的"全温度Cheer"售价应在780~850日元，超市却降至了598日元，平均价格降到了600日元以下，部分地区甚至以半价贱卖。根据花王各销售公司的报告，札幌和青森降低了298日元，静冈降低了300日元，广岛降低了398日元[20]。

宝洁后来是这样评价这种做法的，"制造商本来就没有干涉零售价格的道理。考虑进货价后，零售商卖多少钱是他们自己的事"[21]。这是符合美国商业习惯的做法，即只有保证交易自由才能保证公正。

但是，贱卖带来的利润压力和宣传费用使得P&Gsanhome到1978年时累计产生了二百几十亿日元的亏损[22]，P&Gsanhome为填补亏损采取的做法是丸田芳郎所谴责的重要内容。宝洁后来这样解释这一时期的亏损,"累计亏损 200 亿日元不只是流动资金,其中还包含了增加工厂生产线、高崎工厂防公害设施投资和收购拥有三环石碱的富士工厂等的投资,这些是为了在日本市场站稳脚跟必要的投资"[23],解释了当时日本的竞争企业贱卖导致亏损,为了填补亏损又增加投资的问题。

收到丸田芳郎书信的石碱洗剂工业会在 1977 年 7 月 22 日的理事会上请花王表明了观点,但是遭到了宝洁的反对,双方未能达成共识。之后,国会议员等从中斡旋创造解决问题的机会,但是宝洁"允许贱卖,这是批发商、超市的自由,本公司不予干涉"的态度并未改变,为与之对抗,花王在部分地区也果断实行了贱卖。结果,在这些地区花王的市场份额由 60% 上涨到了 80%,花王既展示出了贱卖的实际效果,又做好了和与战的两手准备[24]。

狮王油脂总经理小林宏对这种事态感到担忧,1977 年 9 月 16 日小林宏向石碱洗剂工业会会长提交了内容为"如果两家公司价格竞争的对决继续下去的话,会使整个行业陷入泥潭之中,那么其结果将是失去外界对洗涤剂行业的信任,不言而喻这将造成不可估量的损失"[25]的意见书,希望两家公司自重。花王并非真的想廉价销售,而是为使宝洁停止廉价销售才迫不得已采取的手段，所以花王非常理解狮王油脂总经理小林宏的担忧。

后来，通产省向宝洁听取情况并进行了报道[26]，贱卖逐渐停止。与前面提到的"全温度Cheer"一样，宝洁的这种价格政策是把美国的商业习惯原封不动地引入日本的结果。为应对过去行业内的贱卖现象，当时的日本洗涤剂市场在丸田芳郎的努力下作为暂时的休战协定引入了转售价格维持制度，1975年9月才从转售指定商品名单中移出。在此前后，花王开始调整本公司批发流通网，进入了销售公司合并阶段。

也就是说，此时期的日本洗涤剂市场处于刚刚脱离政府的保护性限制，逐步向自由竞争原则下合理公平竞争过渡的阶段。因此，对于以丸田芳郎为代表的当时日本业界相关人士来说，宝洁的这种做法不只是没有充分考虑日本一直以来各流通环节基于信用交易的商业习惯，而且无视了当时日本洗涤剂市场期望稳定的实际情况。

除掉"股东大会混子"

丸田芳郎"行正道"的态度也表现在促进企业决策机构股东大会的正常化上。丸田芳郎就任总经理后不久，"考虑到企业的社会责任，为确立对每一位股东都公平的原则，决定检查股东大会一直以来的做法，并长期改进"[27]。

这时商法还未修正，每年两次的决算股东大会上丸田芳郎基本都要公开和"股东大会混子"做斗争。作为改进的第一步，丸田芳郎决定不给"股东大会混子"（译者注：持有数家公司的少量股票，经常出席各公司的股东大会，妨碍或诱导大会议事，以此向公司谋取利益的人）等特别股东赞助，也不在日料店等与其协商。而且，丸田芳郎严令禁止给这些人花王产品，哪怕只是一块肥皂。不久，丸田芳郎半夜在家接到了一个电话，对方像有什么事情似的，要求与丸田芳郎秘密会面。丸田芳郎追问具体事情后，发现是一些莫须有的事情，所以在股东大会上公开拒绝回答。

关于洗涤剂恐慌，由于东京都无事实根据，花王一审胜诉。1974年11月的股东大会上，认为"造成洗涤剂恐慌的责任在花王"的左翼和与之对抗的右翼都未经允许就来到了会上，引发了一场混战。右翼蹬上讲台把桌子踹翻导致两名员工负伤。最后，六名施害人被逮捕，其中四名被判为有罪。但是在这么危险的时候丸田芳郎依旧继续担任议长，带领公司冲出困境，他说："即使小腿和手臂骨折了也没有办法，依然要坚持"。

后来商法修订，对这种"股东大会混子"的行为进行了限制，但是此前像丸田芳郎一样提出如此严格的方针并且坚决执行的企业经营者并不多。

去除形式化

丸田芳郎不止除掉了这些妨碍公正企业活动的势力，而且对不提供必要且充分意见的股东大会，也就是股东大会的形式化感到不满。丸田芳郎在股东大会上这样阐述经营者的责任[28]：

又到了一年一度的决算，我比以往更加期待大家能真诚地开好这次大会。既然把日常经营委托给了大家，那么至少在今天必须要倾听他人提出的所有意见，有问题就必须要诚心提出并说明，提出意见后即使用再长时间也必须要讨论清楚。股东大会本来就不是10分钟或者20分钟的事情，应该有实际成果，即使花四五个小时。

"尽量让股东大会在短时间内结束，只着眼于推进议程"是因为缺少倾听意见的意识。而惧怕批判是因为经营者被私欲牵绊。人不可能是完美的，经营也多少会有失败和不足，也可能很不幸会犯错。但是，经营者不能惧怕对自己这些不足之处的批判，必须要反省错误并改正。同时，还应该坚持自己认为正确的意见。

1976年（昭和五十一年）9月，这些内容刊登在了一本经

总经理时代在外演讲。1981年左右摄　66岁左右

济杂志上。这一时期丸田芳郎遇到了对自己经营思想产生巨大影响的人，在他的影响下丸田芳郎从少年时期开始形成的社会观和作为人的行为规范慢慢地确立起来，本书后面将具体记述。在丸田芳郎的经营哲学慢慢体系化的时期也逐渐形成了自己的经营者责任论。

无磷化

丸田芳郎任总经理后，洗涤剂制造商面临的一个大问题是湖泊、沼泽和内海的富营养化。这个问题与洗涤剂产品有关，合成洗涤剂的原料之一三聚磷酸钠（$Na_5P_3O_{10}$）使水中的营养物质增加，造成了水藻的异常繁殖，进而导致水中含氧量下降、水质浑浊和水中的生态平衡破坏。欧美20世纪60年代就发生了这种环境问题，然后开始限制磷的使用。日本诹访湖和琵琶湖的水质浑浊以及濑户内海等的赤潮引起了社会的关注，20世纪70年代中期业界开始自发地限制磷的使用[29]。

对于这一问题丸田芳郎说[30]：

磷造成的富营养化问题需要综合的对策，包括肥料和生活废水等。当然，洗涤剂原料中也含磷，所以洗涤剂行业也应该认真地考虑低磷化的问题，本公司也会努力推进低磷化。但是低磷化不能以降低去污力为代价。尤其清洗比较脏的儿童衣物时，洗涤剂中很难不加磷。对于不是很脏的衣物可以在洗涤剂中加入椰树提取的酒精，尽可能地限制磷的使用。从这一意义来说，今后有必要实行分类销售。

丸田芳郎的观点是"三聚磷酸钠不是富营养化的唯一原因，所以牺牲消费者利益，为了无磷化而牺牲去污力未必能直接改善环境。"丸田芳郎带领的花王技术团队并不是消极对待低磷化和无磷化，而是从多个角度研究来解决问题。因其他制造商的无磷洗涤剂，花王在洗涤剂市场的市场份额减少，急需满足消费者需求的产品。

为回应社会要求，丸田芳郎率领的花王技术团队决定以袖珍化（译者注：指花王通过提高产品性能或提高浓度等来降低每件产品的重量和容器体积等。这样可以减少每次的产品使用量和原材料、能源使用和使用完后的垃圾量）和无磷化为方向开发新产品。袖珍化是考虑了石油危机之后节约资源和降低环境负担的社会整体方向。经过多次试验，花王于20世纪80年代实现了三个主要品牌的无磷化，即"无磷New Beads"（1980年7月）、"无磷Zab酵素"（1981年8月）和"无磷Wonderful"（1982年2月）。1982年2月，"无磷Wonderful"发售后日本合成洗涤剂市场中无磷洗涤剂的产量首次超过了含磷洗涤剂的产量[31]。

注释：

1 目黑工房（1972）《我走过的道路20人集》第一卷（现代信浓人物志刊行会）465页。

2 社会经济国民会议·产业开发部编（1989）《今后企业经营的状态——营造培养创造性的环境》（社会经济国民会议·调查资料中心）3页。

3 日本经营史研究所编（1993）《花王史100年》（花王股份有限公司）604—608页。

4 丸田芳郎（1978）《我的人生观我的经营观》（花王石碱股份有公

司宣传部）22—23页。

5 前述《我走过的道路20人集》第一卷466页。

6 前述《我走过的道路20人集》第一卷465—466页、前述《我的人生观我的经营观》33页。

7 前述《花王史100年》608—609页。

8 此处关于物流、信息系统的内容根据前述《花王史100年》379—385页、丸田芳郎纪念册刊行规划中心编《一心不乱——丸田芳郎的工作》（花王股份有限公司）152—155页和对相关人员的采访编写。

9 九十周年纪念出版编辑委员会编（1980）《4000人的人生轨迹》（花王石碱股份有限公司）14—18页。

10 若无特殊说明，关于中央物产和花王销售公司的应对的内容均根据《NHK早间新闻》1974年1月17日的录像和前述《4000人的人生轨迹》30—34页编写。

11 《奈良和早间节目》（NET）1974年1月18日录像。

12 此处关于国会的批判和丸田芳郎的回应的内容根据前述《我的人生观我的经营观》60—132页编写。

13 前述《一心不乱——丸田芳郎的工作》178—179页。

14 《读卖新闻》栏目"《此人此时》花王董事长丸田芳郎先生(3)洗涤剂恐慌（连载）"1991年12月29日。

15 《读卖新闻》1991年12月29日、丸田芳郎（1992）《身心学道》（NTT出版）28—30页、前述《花王史100年》576—579页。

16 关于20世纪60年代以后宝洁向日本进军和花王的对策的内容可参考明治大学经营学研究所《经营论文集》第54卷第3、4期佐佐木聪（2007）《宝洁进军日本和日本企业的竞争战略》。

17 书信全文可参考日本石碱洗剂工业会（1981）《油脂石碱洗剂工业史——近10年进展》（日本石碱洗剂工业会）73—74页和前述《我

的人生观我的经营观》274—276页。

18　前述《油脂石碱洗剂工业史——近10年进展》74页。

19　铃木丰（1996）《宝洁的价值·营销》（OS出版）106页。

20　前述《4000人的人生轨迹》371页。

21　《KEY MAN》（产经新闻数据系统）1990年12月3日刊29页小田桐诚（1990）《宝洁远东①从"重大飞跃"到"到达顶峰"——18年的历程》。

22　前述《宝洁的价值·营销》107页。

23　前述《KEY MAN》29页。

24　前述《4000人的人生轨迹》377页。

25　前述《油脂石碱洗剂工业史——近10年进展》75页。

26　前述《宝洁的价值·营销》108页。

27　关于"股东大会混子"的内容根据前述《身心学道》71—72页和前述《一心不乱——丸田芳郎的工作》185—186页编写。

28　前述《我的人生观我的经营观》216—217页。原载于《东洋经济周刊》1976年9月25日刊（东洋经济新报社）。

29　前述《花王史100年》700—710页。

30　前述《我的人生观我的经营观》247页、前述《花王史100年》702页。

31　佐佐木聪（2016）《产业经营史系列10 肥皂·洗涤产业》（日本经营史研究所）122—124页和129页。

VI 事业的多样化和纵向一体化经营的开展

1. 经营理念的确立

学习圣德太子和道元禅师

丸田芳郎刚就任总经理就表明了自己的经营理念，这些理念是基于此前丸田芳郎的学习和经验确立的。但是，就任总经理之后丸田芳郎面临的诸多困难前所未有，这驱使着丸田芳郎去探访众多先贤的思想和哲学。其中给予丸田芳郎思想支撑之一的就是释迦牟尼及其两位后贤的教诲，这两位后贤是圣德太子[译者注：574-622，用明天皇（？—587）的皇子。致力于佛教的兴盛，建立法隆寺等，制定《十七条宪法》等，著有《三经义疏》]和道元禅师[译者注：道元（1200—1253），日本僧人。曾学习天台宗、禅宗，1223年入宋，1224年建立大佛寺（今永平寺），著有《正法眼藏》等]。

丸田芳郎说："在此之前我为了探寻总经理的责任、内心的思想支撑和判断的标准，懊恼了两三年。我决定重读年轻时就开始读的关于哲学、宗教和思想的书籍，试着参禅[1]。困惑中的我偶然读到了靖三郎博士编著的《正法眼藏侧面观》，对书中桥田邦彦的卓见刻骨铭心。我反复阅读道元禅师的《正法眼藏》九十五卷、《普劝坐禅仪》《正法眼藏随闻记》等一百二十多卷的著作，苦心参学。1976年（昭和五十一年）我有幸拜访了花山信胜博士，至今衷心景仰。花山信胜博士带我通读了圣德太子的《法华义疏》《三经义疏》（引者注：三经指《法华经》《胜鬘经》和《维摩经》）和《十七条宪法》等众多著作，带我了解其中的精髓和要谛。金治勇博士也给我讲解了圣德太子诸多著作中的思想。"

丸田芳郎从《正法眼藏》中学到了很多东西，其中之一是"专心致志地打扫院子，一心一意地清扫走廊，认认真真地给云游僧煮粥，就像这样忘掉无关的一切，专心于眼前之事，会亲身感受到大自然的奥妙。这是感悟，是智慧，是创造性"[2]。只有通过平时的实践才能获得智慧和创造，也就是"常住真实"（译者注：日文"常住"意为无生灭变化、永远存在，"真实"意为绝对真理。日文"常住真实"的大意为永远不变的绝对真理）。

少年时在大自然中的玩耍和创意、从进入公司就一直专注的研究、战时制约下的努力、投身战后和歌山的复兴、副总经理阶段构想并率先推进的从研发到生产销售有机贯穿起来的组织经营，丸田芳郎把过去的种种联系起来确立了坚定不移的信念。

1976年8月9日丸田芳郎与东京大学名誉教授、印度哲学泰斗花山信胜博士交流时，花山信胜博士这样讲述了圣德太子佛典注解的特点[3]：

不管是法云（译者注：467—529，中国梁代学僧），还是后来的天台大师[译者注：智颛（538—597），中国隋代僧人]和嘉祥大师[译者注：吉藏（549—623），中国隋代僧人]，中国的学者都是按照佛经原文进行注解，这是应该的。因为印度之后，佛教基本上都是避开俗世在山中安静地坐禅修行。然而圣德太子不满足于此，他没有舍弃现实的俗世。前面提到的《胜鬘经》《维摩经》和《法华经》的三经义疏除了基于中国的本义编写外，圣德太子还加入了自己的理解。这是一件前人未做到的伟大事情，而且实际运用到了政治、外交和生活中。

关于佛教在实际生活中的应用花山信胜博士还说："圣德太子被称为凡人中的菩萨。凡人实践佛教思想，让世界知道独特的佛教思想是非常重要的。佛教的真理肯定会有利于人与人之间的相互理解和友好相待"。丸田芳郎听完后说："我也愿日日以身践行佛教思想",而且表明了自己的信念,"我们经常提醒自己必须怀着愿意为多数人提供帮助的心情研究生产,哪怕只是一点点儿帮助。我希望公司全体员工能够站在同一立场、怀着同一目的创造出真正的智慧"[4]。

通过与花山信胜博士的交流,丸田芳郎认识到了实践教义的意义。实践教义是丸田芳郎经营理念的点睛之笔。

经营理念的确立

在二位先贤的教诲下,丸田芳郎利用1975年(昭和五十年)秋至次年的时间重新确立了基本经营理念,即"重视创造""尊重人性""消费者优先"[5]。

"重视创造"和"尊重人性"是丸田芳郎根据自己的经验和平日尊重他人的习惯以及圣德太子和道元禅师的教诲确立的。而"消费者优先"则是丸田芳郎像圣德太子一样,在花王石碱企业历史和事业目的的基础上加上了自己的理解确立的,提高了实用性。

花王石碱长期以来都秉承着"干净的国民才能兴旺"的理念发展事业。道元禅师也说,"佛法身心内外俱净",意思是说身体外表干净了,内心也就会干净。因此丸田芳郎认为,"花王的使命是让人们每天的生活更加干净,必须汇聚起花王所有

173

员工的力量尽全部之力为消费者服务"。值得注意的是，丸田芳郎还说道，"绝不可以有与同行竞争的意识"。因为丸田芳郎认为，"与同行竞争很容易让我们忘记消费者的存在，忘记消费者的生活"。丸田芳郎说："不被与同行的竞争占据内心，专心致志地工作，这样能够得到神的智慧。然后，把十个人、一百个人得到的智慧集中起来汇集到每件产品中，就会得到消费者的支持"[6]。

为实现这三点基本理念，丸田芳郎提出了以下四点具体方针[7]：

一、在各领域、各水平发挥创造性。

二、推进研究和规划开发。

三、重视资源价值和彻底贯彻节约能源策略。

四、为实现上述目的平等对待每位员工，集思广益；推进小团体活动。

在重视消费者方面，1978年花王生活科学研究所（1971年10月成立）采用了回访系统。此系统为花王首创，沿用至今。回访系统可以将消费者的意见和咨询等记录数据库化，细致地回答消费者的同时为之后的产品改良和新产品开发提供依据[8]。

2. 经营组织的改革

经营方针的提出和"五总部"制的实施

为了使经营方针收获具体成果,丸田芳郎首先进行了组织改革。丸田芳郎决定,"通过组织简化、直接化,实现信息共有和直接联系,就好像生物体通过功能组织运营实现大脑高度集中化。这样可以实现技术革新和组织革新,也可以把市场信息和生产活动联系起来,建立一个在最短时间内生产出消费者真正想要的产品的系统"[9]。

为达到此目标,必须强化经营责任明确的高层管理体系。于是,丸田芳郎在 1976 年 7 月 1 日引入了"五总部"制。各总部及其部长和副部长如下[10]:

研究开发总部···总部长—丸田芳郎总经理、副总部长—常盘文克董事

化学品总部···总部长—荒井一雄专务董事、副总部长—长濑亨二董事

管理总部···总部长—伊东克郎专务董事

家庭用品总部···总部长—佐川幸三郎专务董事

生产技术总部···总部长—大泽好雄常务董事

这与前面提到的责任专务董事制和责任常务董事制大致相

同。为了"在全部事业领域发挥创造性",作为各领域负责人的各总部长要倾听"任何水平的创造性尝试",制定本领域的中长期经营规划。必须将此作为高层管理体系主体和获得员工及消费者充分理解的经营方针,要让公司全体员工共同参与此制度。因此在维持责任专务董事制和责任常务董事制之外,还要排除权威主义,建立"集体领导型的临战体制",随时进行人员能力与其他方面的相互联系调整。

除此之外,丸田芳郎还废除了一直以来的书写书面报告传阅议案的方式,采用各总部长提案常务会决定的方式。这样可以对重要事项迅速做出判断付诸实施。

丸田芳郎把这种各部门和全公司的平面化组织方式称为"文镇型经营"。丸田芳郎说[11]:

文镇的表面是一个平面,只是正中间有一个稍突出的提手。这个提手就是经理,工厂的话就是厂长。理想的状态是如果有一位有能力的经理,那么其他人都能够平等地参加公司管理,都可以发挥自己的创造性,投入工作之中,部长、科长和股长等这些代表着权威的领导都不可以扼杀难得的创意。

小团体活动——员工与上司的交流

"五总部"制实行两个月后,丸田芳郎在公司内部报刊上论述了关于小团体活动的意见，并且论述了"五总部"制实行初期的现状和今后的期待。小团体活动是平面化组织下为增加创造性采取的组织方法之一，也是四点方针之一[12]。

小团体活动是指在设定目标后挑战目标的工作方法（目标管理）中制定团队目标的方法。不管是团队目标还是个人目标，只要是在全体员工必须参与此类活动的工厂，那么制定预期目标时，都是厂长首先提出目标方案然后按照科长→（股长）→小团体或者个人的顺序进行商议的模式。但是我们打破了这种模式，采取了与此相反的从小团体或者个人到厂长的自下而上的管理模式，把小团体或者个人的目标统一起来建立整个工厂的目标体系。遗憾的是虽然总部各部门预期目标整理成了一本《目标集》，但是这还不是包括工厂在内的全体统一目标。今后有必要建立一个统一的全公司目标体系，同时使总部模式的总结和实施更加简便易行。

圣德太子的《十七条宪法》倡导"以和为贵""上和下睦，谐论于事，事自然成"（第一条）。而且尊重彼此，"我必非圣，彼必非愚，皆是凡夫耳"。集中员工智慧，然后重视与领导判断的互补，可以说是创造性的组织方式。

战略性高层管理体系的建立

组织改革的另一个目的是培养经营者，这一目标丸田芳郎就任总经理时就表明过。1971年10月丸田芳郎就任总经理，好朋友西胁芳夫和沼田明就任专务董事。后来，西胁芳夫1974年5月任专职监事，1975年5月从此职位退任；而沼田明在西胁芳夫成为专职监事时就任了董事长，协助丸田芳郎。1974年5月佐野恒一任专务董事，1976年6月从此职位退任时，正是公司向"五总部"制转换（1976年7月1日）的前一个月。

"五总部"制下花王形成了由1974年5月就任专务董事的荒井一雄和伊东克郎、1976年6月由常务董事升任专务董事的佐川幸三郎、1974年5月就任常务董事的辻直人和大泽好雄、山越完吴等人实际决定重要事项的常务会[13]。除了包括丸田芳郎在内的五位总部长领导各自负责的领域之外，公司还设置了两位副总部长，对于副总部长来说这是一个积累领导团队经验的机会。

这里值得注意的是，除沼田明董事长和丸田芳郎总经理之外，以上由三位专务董事和三位常务董事构成的常务会成员中，有三位是丸田芳郎的同窗。本书前面已提到过，辻直人和丸田芳郎是旧制长野中学的同届毕业生，毕业后辻直人进入了一个化学公司之后转入花王。山越完吴也曾就读于该校，比丸田芳郎小四届。大泽好雄和丸田芳郎都曾就读于桐生高等工业学校，大泽好雄比丸田芳郎小七届。

丸田芳郎公私严格分明，最恨不公正的事情。所以，丸田芳郎不会破格提拔这些后辈，他们都是靠自己的实际能力一步步走到这个位置的。大泽好雄说："丸田芳郎完全不会因为是同窗而搞特殊，包括我自己在内，完全没有'同窗意识'"。丸田芳郎的同学与他有共同语言，他的后辈则十分尊敬这位前辈。实际上，因为敬仰丸田芳郎这位前辈而进入花王的后辈也不在少数。为了不负前辈的期待，这些后辈们不断努力钻研。丸田芳郎少年时期到青年时期亲近大自然成为其日后经营思想的一个基础，对于丸田芳郎来说这些后辈们与自己有着共同的家乡、母校，还有大自然，所以他们是"把大自然当作最伟大的老师，从同龄人中成长起来的具有丰富创造力和行动力的人"[14]，是丸田芳郎的合作者。可能正因为如此，这些后辈们才比较容易认可丸田芳郎的价值观，尽管当事人可能没有意识到这一点。很多其他公司的董事长也和丸田芳郎一样建立了高层管理体系，但是在人员配置上却非常费心。

1977年4月修订的常务会规程规定了常务会的运行方式和功能，"常务会的任务是基于基本经营方针，为确定全面执行方针商议有关经营的重要事项，同时全面统筹业务执行"，常务会决定由"出席人员审议，总经理最终决定"[15]，即"文镇型"高层管理体系。

议案事项分为三个层次，但不管哪一层次，关于重要商品计划以及相对应的设备投资等事项均事先在R&D（译者注：Research and Development，意为"研究与开发"）会议上向高层经营领导团队介绍相关内容。董事长和总经理率先垂范，所有董事办公室向每一位员工开放，每一位员工都可以向董事提出意见。不允许常务会形同虚设，需要常务会实际讨论做出判断。所以，常务会的商议事项并非由总部长（常务会负责人）一人确定，常务会上有可能会变更重要内容。

之后，为强化高层管理体系，花王又反复进行了董事会成员的调整和组织结构改革。

1977年6月，实行"五总部"制后的第二年，镰田收和安藤英雄就任常务董事，大泽好雄升任专务董事。1978年6月，常盘文克、田中新二、渡边正太郎、中岛和夫、池上作二、武田泛和长濑亨二七位董事升任常务董事。1980年6月，伊东克郎、佐川幸三郎和大泽好雄晋升为副总经理，新的专务董事由常盘文克担任。顺便提一下，常务董事长濑亨二是花王创始人初代富郎的哥哥长濑宫太郎的孙子。

1982年7月新的经营会议成立，目的是强化高层管理体系、推动人才培养、强化各总部自主运营体制、强化新事业准备体制和强化适应国际化趋势的体制。人员由之前的三位增加到了七位，由董事代表组成，新的经营会议成员为董事长荒井一雄、总经理丸田芳郎、三位副总经理伊东克郎、佐川幸三郎和大泽好雄以及两位专务董事常盘文克和渡边正太郎。新的经营会议负责"审议决定中长期经营规划，同时在充分考虑各种问题的基础上确立基本思想"。为了协助新的经营会议的此项功能，设立了综合规划室这一职能部门[16]。

3. 强化研发和市场

研发体制的强化和基础科学研究所的成立

丸田芳郎制定的新经营理念的第二条"推进研究和规划开发"在丸田芳郎兼任研究开发总部长后得到了前所未有的推进和强化。

丸田芳郎在1991年也就是自己就任总经理的第二十年，回忆当时研究开发体制的强化时说：[17]

第二产业最重要的是研究开发和技术开发，这是基本。研究开发是企业的活力，也是革新的原动力。同时企业经营战略需要与R&D全面配合,否则工作难以进行。所以,我大概从就任总经理后的第三年开始兼任研究开发总部长,利用五年左右的时间改革研究开发体制,把过去的研究开发体制改革成全新的体制。这是我就任总经理后的第一项工作。企业战略首先还是研究开发。

研究开发总部设在茅场町,设立之初研究开发总部下设东京研究所、和歌山研究所和专利商标部。1978年设栃木研究所,1982年设鹿岛研究室(1984年成为研究所),1983年设栃木第二研究所,同年和歌山研究所分为第一和第二两个研究所[18]。

这期间1980年成立了花王基础科学研究所。从该研究所的名称使用了"科学"而未使用"化学"也可以看出,花王的研究已经不限定在化学领域了,而是扩大到了更广的范围。设立该研究所的目的是"开发基于基础研究的独特新技术和新产品"。

关于基础研究,丸田芳郎在笔者上面引用的丸田芳郎论述研究开发重要性的后面一段中说[19]:

最重要的研究开发和技术开发中尤其要重视基础研究。要尽可能深入地挖掘和研究自然科学。但是,因为我们没有基础,所以要事先设定一个框架,在这一框架内工作。过去化学、物理和生物等各门学科是分开的，现在我们要把这些学科综合起来，实现学科间的联系。

丸田芳郎的目标是在花王已取得众多研究开发成果的界面科学、高分子科学、香料科学、有机化学、催化剂化学、物理化学、无机化学、微生物化学、生物科学、医药和食品科学等领域中加入新想法来拓展新领域，更好地满足消费者需求。

下面介绍运行体制。决策机构理事会由丸田芳郎总经理兼研究开发总部长，任理事长，六名公司内部人员和十名公司外部人员任理事。花王研究开发总部负责全部费用，从事研究的人员涉及学术界和政界。长期进行基础研究需要与学术界和政界的协作体制，还需要人员和预算能够得到长期保证，所以花王的研究机构是一个独立运行的特别组织，具体来讲，栃木研究所设置了界面科学基础研究中心，和歌山研究所设置了高分子科学基础研究中心。

通过研究体制的充实完善，从 1975—1979 年有 185 人（合计）左右的研究所，发展到 1985—1989 年录用的应届大学毕业生达到了 786 人（合计）。

重视市场

丸田芳郎为了使研究开发能够出实际效果，非常重视市场。

他后来这样说研究开发和市场的关联性[20]：

大众消费物资本该是制造商为满足消费者需求生产的产品，但是企业有时候总是把自己的思想强加在研究开发中。这样会偏离真理，所以要进行市场改革。

经营又是创造的世界。如果没有创造，就不能服务消费者。所以我想首先要统一研究开发与市场。

市场要进入消费者的生活，要能把握消费者的需求，并且将其反馈给研究部门。消费者试用这些开发的产品，听取他们的意见，也是市场本来的责任。也就是说，产品是由消费者决定的。

丸田芳郎重视市场的思想也有失败的教训和其他经营团队的协助[21]。1969年发售的"home lemon"就是一个失败的教训。花王的竞争对手狮王油脂（1980年与狮王牙膏合并）发售热销商品"motherlemon"后，花王意识到此问题，草率地发售了这一产品，但是"home lemon"的销路并不理想，很快就下架了。这款产品只是一味地与对手竞争，所以其中是否包含着花王创造性技术都存有疑问。

在经营团队的协助方面，佐川幸三郎专务董事从市场角度提出了"商品开发五原则"。佐川专务董事认为，"市场是以研究开发为首，涉及消费者与市场调查、商品的策划与生产、广

告宣传、流通、物流,甚至柜台陈列等众多方面的大范围的综合技术",他提出了以下五项原则[22]:

一、开发的商品真正对社会有用。

二、包含公司创造性的技术。

三、在效果、销量和成本上占到优势。

四、商品化之前让消费者进行充分试用。

五、在各流通阶段传递好关于商品的信息。

丸田芳郎非常尊重以上五项原则,重视市场中研究开发与消费者的关联性,不断提高与市场有关的各部门的功能。

4. 产品的多样化

摆脱单一的香皂洗涤剂产品的志向

丸田芳郎的经营方针实施后,花王生产出了许多前所未有的产品。花王一直重视多领域的科学研究,这些新产品涉及了众多之前未触及的领域,花王的事业领域因此得到扩充。不只家庭用品方面,工业产品领域也是如此。

丸田芳郎之后的下一任董事长中川弘美(1948年进入日本有机)说:"丸田芳郎先生不惜一切追求的事情,一件是研究,另一件是成立销售公司。我想最终理想都是'有一天能够让大家不再认为花王只是一家香皂商'"[23]。除了香皂和洗涤剂之外，花王以与此相关的诸多技术为起点扩大事业范围，发展成为综合油脂化学企业，无疑是依靠丸田芳郎卓越的领导能力实现的。从丸田芳郎就任总经理至1990年（平成二年）6月从总经理任上退下任董事长的十九年里，单是家庭用品中就有女性生理卫生巾"乐而雅"（1978年）、纸尿裤"妙而舒"（1983年）、中性洗面乳"碧柔"（1980年）、化妆品"苏菲娜"（1980年）、浴盐"Bub"（1983年）和浓缩洗衣粉"洁霸"（1987年）等多种新产品。下面简要介绍这些产品。

"乐而雅"和"妙而舒"

卫生材料市场方面，1961年"安妮"（译者注：一女性生理用品商标名）的出现打开了新市场。随着吸水性聚合物和无纺布的开发，花王新产品"乐而雅"于1978年进入了市场[24]。纸尿裤市场进入的稍早，1977年日本宝洁发售的"帮宝适"打开了纸尿裤市场（前导产品由1960年由兴人purisira发售[25]），1981年"尤妮佳（Moony）"又继续扩大了市场[26]。

花王在提高这些已有商品的使用体验和功能的基础上，加上了透湿底膜、防漏等新技术，开发出了新产品"妙而舒"，并于1983年进入了市场。

"碧柔"

"碧柔"是一种不同于香皂的新型低刺激中性洗面乳。花王在向其他面部护理产品和皮肤护理产品制造商提供原料的过程中积累了大量的信息,再加上在安全性测定技术和皮肤生理方面开展的相关研究,花王以此为基盘在1973年开始了"碧柔"的开发。

在寻找兼顾清洁力和低刺激性材料的过程中,MAP(Mono-Alkyl-Phosphate 单烷基磷酸酯)引起了花王的注意。MAP与香皂相比PH值偏酸,用后皮肤PH值不会变成碱性,具有保湿作用的氨基酸的流失也会减少。花王以此已知化合物为基质独立开发出了"碧柔",并于1980年发售。1983年发售基于花王独特的液晶乳化技术的"碧柔面部护理"等产品。1984年发售全身清洁液"碧柔U",功能从洁面扩大到了全身清洁,这款产品成为占70%以上市场份额的热门商品[27]。

1997年,日本市场全身清洁液的总销量首次超过了浴用固态香皂[28]。

"苏菲娜（Sofina）"

1976年也就是丸田芳郎就任总经理后第五年的春天，花王着手化妆品的开发。1968年，花王与德国拜尔斯道夫公司协作创立了妮维雅花王，在生产皮肤护理产品"妮维雅"，以及向其他公司提供化妆品原料的经验的基础上，1978年开始了新原料的开发，开发出了上面提到的MAP、保湿成分糖脂质、乳化剂羟基与乙醇构成的醚、生物活性物质胆固醇酯等新原料。以这些为原料，花王在次年确定了基础化妆品的基本成分，并且制订了事业化计划。

1980年新的化妆品销售流通公司成立，花王最初的6种基础化妆品以"Sofina"商标销售。"Sofina"在拉丁语中的意思是智慧，包含着花王追求真正肌肤之美的事业理念。刚刚发售时"苏菲娜"并没有实现预期销售额，但是通过市场部门的努力，从次年开始销售额不断上升。花王还完善了研究开发体制，1985年开始向化妆品领域进军，扩大公司规模。1987年，花王进军男性化妆品领域，发售了"SUCCESS"系列产品[29]。

顺便说一下"苏菲娜"包装的故事。"苏菲娜"在静冈地区试销售时，包装采用的是粉色和橘色的中间色，即橙红色。现在的包装颜色海蓝色，则是后来丸田芳郎在夏威夷檀香山机场飞往日本羽田的飞机上闪现出来的，飞机到达东京后丸田芳郎立刻指示生产部门更换了包装颜色[30]。

浴盐"Bub"

洗浴用品的市场是津村顺天堂（现津村公司）开拓的，而浴盐"Bub"的出现向洗浴用品市场吹入了一股新风。1976年，医药用品研究团队在栃木研究所研究皮肤外用药，后来焦点锁定在了"把二氧化碳气体促进血液循环的原理应用到洗浴用品"的研究开发上。1981年成立的商品开发部也关注了洗浴用品这一新领域，进行了多次讨论，并且对栃木研究所送过来的试生产的产品进行了检测。

同年9月的R&D会议上，听取栃木研究团队报告的总经理丸田芳郎也对此非常感兴趣，指示研究人员不要错过机会，全力进行商品开发。于是，栃木研究团队1982年开始与岗山大学的古元嘉昭教授共同进行关于二氧化碳气体作用的数据收集等研究，1983年又寻求了温泉医学其他研究者的协助，反复进行基础研究。同年得到药事许可后，"Bub"发售。丸田芳郎要求"只生产真货"，这是"Bub"能够发挥药效的基础。研究团队按照此指示严谨认真地开发产品。正因为如此，浴盐"Bub"才成了热门商品[31]。

5. 海外事业的展开和纵向一体化经营

菲律宾的高级醇生产

1971年,丸田芳郎担任总经理后开始向亚洲地区输出产品、保证生产据点,这在本书前面已提到过。除此之外,丸田芳郎还努力确保原料供应。20世纪70年代前半期,丸田芳郎在印度尼西亚参与策划了椰子油共同开发事业,还参与策划了马来西亚棕榈精油制造的共同事业,但遗憾的是这两项事业还未出什么重大成果就中断了。吸取这一教训后,1977年1月花王(70%)与菲律宾Aboitiz公司(30%)共同出资成立了菲律宾花王,成功地以椰子油为原料生产出了高级醇[32]。

当时的生产技术总部长大泽好雄,是从选定工厂用地到工厂建设的核心人物。大泽好雄在第二次世界大战结束前的1944年作为航空无线通信军官参加莱特岛战役,到第二次世界大战后的1946年3月退伍之前,一直在菲律宾生活,具有丰富的当地生活经验。

大泽好雄把工厂面积、地质、地形、地下水位、水质、能源、通信环境和其他各要素按照权重分析方法对各备选工厂位置做综合评价,然后综合比较并派遣了负责人。但是,在工厂面积和价格等方面未能与合资方欧内斯特·阿博伊提斯(Earneat

Aboitiz）达成一致，甚至影响了双方的感情。阿博伊提斯公司还向丸田芳郎总经理写信抱怨，具有强烈责任感的丸田芳郎想要自己出面解决问题，但是负责工厂选址的大泽好雄决定先自己出面谈判，最后再请示总经理[33]。

以大泽好雄为中心的花王代表与合资方反复谈判后，工厂选在了花王推选的菲律宾卡加延省东北方向40千米的海岸旁。之后从工厂建设到生产双方也进行了多次谈判。

大泽好雄说："欧内斯特·阿博伊提斯有军队经历（空军大尉），是一个干练的青年经营者。虽然当初欧内斯特·阿博伊提斯的态度总是高高在上，但是他为了与花王平等合作不断努力，与花王逐渐达成了协议，并建立完善了合作体制。而且欧内斯特·阿博伊提斯尊敬丸田芳郎总经理，丸田芳郎总经理对他的评价也很高"。在开工仪式上，还有下面这样一个故事，从中可以了解到丸田芳郎的一个侧面。

"当地破土动工典礼上有在建筑物、地基下面供奉贡品的习俗，记得工厂动工当天供奉的是猪的鲜血，要在众人面前杀猪崽。但是丸田芳郎实在不忍直视，就默默地转了过去。"

可见，虽然丸田芳郎向亚洲地区进军时非常尊重各国的文化和习惯，但还是抵触在眼前杀生这样的事。

一般来说，从原料供应（采购和加工）到生产销售由本公司一贯式负责的方式被称为纵向一体化经营（vertical integration）。花王此时通过成立销售公司已经实现了生产到中间流通（批发流通）部门的前向一体化（forward integration）。在从原料部门到生产的前向一体化中，取得了从向其他化妆品制造商提供原料到生产"碧柔""苏菲娜"的进展，这在本书前面已提到。

关于后向一体化（backward integration），丸田芳郎做研究员时研究生产肥皂原料硬化油就是其中一个例子。这一时期菲律宾花王生产高级醇，花王在国际上实现了从原料供应到生产的后向一体化，可以说此时期的花王已具备了纵向一体化企业的形态。而从原料供应到生产销售的任何一个阶段，丸田芳郎的领导力都发挥了重大作用。

进军欧洲

花王在欧洲是从家庭用品之外的领域开始协作的。丸田芳郎带领的团队关注到了不饱和脂肪酸衍生物的应用开发领域，开始积极探索聚氨酯泡沫塑料事业。1968年10月花王收购了英国的BB化学公司，决定引进其技术。但是花王没有海外企业的经营经验，所以将其委托给了美国Atlas公司，花王则负责技术方面的工作[34]。

在西班牙，随着生产销售沥青用乳化剂胺的Sinorgyan公司和法国OB Pulosinoru公司的胺技术援助契约到期，1968年4月Sinorgyan公司申请引进花王的脂肪酸胺技术。通过后期协商，1970年11月以花王45%、Sinorgyan公司50%、美国Atlas公司5%的出资比例成立了Sinor花王。

7年后，Atlas公司归入了英国-C-的旗下，花王收购了Atlas公司在Sinor花王的5%份额，花王的出资比例占到了50%。1979年5月花王收购了西班牙生产销售非离子和阴离子表面活性剂的Molins Y Puigarnau公司，成立了Molins花王。1986年花王持有了西班牙这两家公司即Sinor花王和Molins花王的全部股份，1987年8月这两家公司合并为了西班牙花王（Kao Corporation S.A.）[35]。

在德国，1979年花王收购了Guhl公司的商标并对该公司实施技术援助，次年作为共同事业开始发展Guhl Kosmetik（资本归拜尔斯道夫公司所有）的商品。20世纪80年代中期，Guhl的头发护理产品已经成为该领域的领先品牌。

关于花王与Guhl Kosmetik的共同事业，丸田芳郎在1986年的新年感言中说："花王与Guhl Kosmetik公司共同开发头发护理产品的市场，让世人看到了花王世界领先的优秀技术和其中蕴含的科学依据，让世界上高水平的人对花王的技术和科学的方法产生浓厚兴趣"[36]。

1986年10月，Guhl Kosmetik公司改组为Guhl·花道公司，新的公司名称蕴含着日本的传统文化。以此为契机，公司重新审视产品，从基础开始，专心开发适合欧洲人皮肤和符合欧洲人喜好的产品。除了在西班牙的发展之外，1989年5月花王还收购了西德的头发及皮肤护理品制造商歌薇公司[37]。

在墨西哥和印度尼西亚的事业

1975年3月，墨西哥Quimi花王成立。在此之前墨西哥一直从花王、西班牙Sinor花王或者美国进口脂肪酸胺，随着国土开发的日益进展，墨西哥对脂肪酸胺的需求量越来越大，需要能够在当地生产销售脂肪酸胺的企业，在此情况下Quimi花王成立了。Quimi花王的出资比例是花王20%、Sinor花王20%、当地60%，公司名称"Quimi"来源于西班牙语中的"química"，意思是"化学"。1979年1月Bitomekusu公司（花王49%、当地51%）成立，该公司主要生产并销售道路用沥青乳化剂。同年6月Simu花王（花王49%、当地51%）成立，该公司主要供应肥皂和洗涤剂。Quimi花王、Bitomekusu公司和Simu花王这三家公司共同开展墨西哥的事业[38]。

1977年11月，花王与拥有众多子公司的印度尼西亚Pole

公司合资成立了 Pole Kao Indonesia Chemicals（花王 60%、当地 40%），花王除了向该公司提供香波原料、纤维油剂原料外，还向其提供工厂管理和市场等相关技术。次年 2 月，花王与 Pole 公司合资成立了 Sinaru·Runburan，在新建立的工厂里开始了香波的当地生产[39]。

花王在发展海外事业的过程中，也不乏未能达到预期效果或者因为环境变化等原因不得不重新开始的情况。但是，花王的海外事业从早期在亚洲地区起步到向欧洲、美国、中美洲等地扩大事业，最终发展为全球范围的事业，确实是依靠丸田芳郎的国际化视野和卓越的领导能力。

技术交流带来的新的日本法人

另一方面，与欧美企业的技术交流也带来了新的合资日本法人[40]。1968 年 8 月，也就是伊藤英三任总经理、丸田芳郎任专务董事后的第三个月，花王发售了"妮维雅霜"，使用的是从西德拜尔斯道夫公司引进的技术。该产品不是化妆美容霜，而是以保护皮肤为目的皮肤护理产品。产品名称"妮维雅"（拉丁语：nivālis）意为"像雪一样白"。1965 年拜尔斯道夫公司提出了合作申请，次年丸田芳郎常务访问该公司，其后又进行了多次协商，终于达成了合作协议。1971 年 9 月，生产并发售了手霜"atolikusu",同年10月,花王和拜尔斯道夫公司对半出资成立了日本法人妮维雅花王有限公司。正好是丸田芳郎就任总经理前不久。

1977年1月,花王接受美国高露洁公司的申请,成立了合资公司花王高露洁口腔护理。高露洁公司希望通过合作,利用花王销售公司推广自己的牙膏产品。这次合资与本书前面提到的菲律宾花王成立在同一时期。

在化学品领域,1974年11月花王与美国桂格燕麦公司对半出资成立了花王桂格公司。该公司主要制造、销售铸造砂用呋喃树脂。

6. 公司名变更和TCR活动

从"花王石碱"到"花王"

1982年(昭和五十七年)6月的花王股东大会决定把公司英文名称由原来的"Kao Soap Company, Ltd."改为"Kao Corporation"。

本书前面已提到,海外尤其是西班牙和墨西哥的合资企业经营的是肥皂和洗涤剂之外的产品,海外申请的专利也多是工业产品。因此,花王常常需要解释自己并不是单纯的肥皂(soap)

公司。实际上此时期花王在日本国内市场也已经投放了多种产品，1984 年 3 月的结算中肥皂的营业额只占了总营业额的 2%。

因此，1985 年 10 月花王公司的日文名称也从"花王石碱株式会社"改为了"花王株式会社"[41]。

关于更改公司名称的原因，丸田芳郎说："肥皂已经不能再涵盖我们公司的事业范围，而且公司事业范围的扩大速度越来越快"。丸田芳郎告诫员工，"向新公司名称注入真实的灵魂，需要全体员工的人格磨炼和见识增长。如果怠慢了人格磨炼和增长见识，就与没有灵魂并无二异"[42]。

让花王从石碱工业转变为综合企业是丸田芳郎一直以来的心愿，更改公司名称，以新名称展现在世界面前是具有划时代意义的事件。这背后蕴含的是尊重人的创造性和不断经营革新的理念。

TCR

不断经营革新的理念反映在新的方针上就是 1986 年 5 月提出的 TCR 活动。TCR 全称 "Total Cost Reduction"，意思是全公司的成本缩减。TCR 由最初在小团体活动中实施的 TQC（Total Quality Control 全面质量控制）发展而来，不久后改为 "Total Creative Revolution"（全面创造革新）[43]。

丸田芳郎在前一名称的时期就开始策划后一名称的实际内容，他在开始TCR活动的次年一月的新年感言中说[44]：

现在整个公司都在开展TCR活动。其目标不只是单纯的缩减成本，更要通过新创造、新发掘来实现整个公司的成本缩减。

我们的生命虽然短暂，但是我们仍然可以发挥出我们的价值，主要的价值就是通过工作来实现的。在每天的工作中怎样发挥新想法、新创造，又怎样把这些新想法和新创造在公司集中起来是TCR活动最大的目标。

重新审视一直以来在做但却不知为何而做的工作，在新想法中找到更加自然协调的组织运营方式和真理，之后把大家的想法集中起来让我们的工作方式今天比昨天更好，明天比今天更好。

最初的TCR活动在节约原材料、统一种类庞多的家庭用品、减少化学品库存、通过自然退职和职务变更实现员工的省力化等方面收获了成果。之后，沿着后一名称的TCR的创造性革新，也在很多方面取得了成果。

"洁霸"的发售

在TCR活动中，创造性的革新生产出了很多新产品，代表之一就是1987年发售的"洁霸"。

本书前面已提到，合成洗涤剂制造商实现洗涤剂可降解化后又实现了洗涤剂的低磷化和无磷化。洗涤剂危机之后，经过了特大号洗涤剂的流行，浓缩洗涤剂和液体洗涤剂的出现使洗涤剂进入了浓缩化时代[45]。

花王1987年发售的"洁霸"就是一款使用了生物技术的浓缩洗涤剂。作为纤维分解酶的碱性纤维素是一种作用于纤维分子能够从根本上去除污渍的划时代性的物质。碱性纤维素还能够提高洗涤剂的溶解性，防止洗涤剂结块变硬。"洁霸"带有量勺和方便携带的提手，广告词是"只需一勺便可惊人的洁白"。发售的第二年"洁霸"就占据了50%以上的市场份额。以这一成功为契机，花王把各工厂的衣用洗涤剂生产设备都换成了小型设备[46]。

"全球化第一年"和向北美洲进军

提出"TCR"的1986年被丸田芳郎定为了"全球化第一年"。这是"10年内强化欧洲、美国、亚洲各地区的自主活动，在各地区确立从原料供应到最终产品的一贯式生产体制，目标是发展成为真正的跨国企业"的构想[47]。丸田芳郎在这一年的新年感言中说[48]：

我们要再次强化一直以来践行的内心清净、服务奉献的精神，正确把握世界形势，学习理解各国的历史、风土人情、人们的想法和文化，必须在心底和世界各地的人们相通。

花王正在向着这样"国内外统一、向世界规模发展，在技术、资金和人才等方面为世界各国做贡献"的企业转变。

除了一直在发展事业的亚洲和欧洲之外，这一时期花王也开始向北美洲进军。本书前面提到，花王在美国与高露洁协作尝试了头发护理产品和牙膏事业，遗憾的是没有做出成果。吸取这次教训，1986年2月花王100%出资在美国加利福尼亚州的山景城（Mountain View）成立了Kao Corporation of America[49]。

1987年，花王收购了美国的纤维化学品专门制造商高点化学公司（High Point Chemical Corporation）（位于北卡罗来纳州）。1988年花王又收购了在美国中东部地区具有很高知名度、肥皂、洗涤剂、化妆品行业的强势品牌——美国安德鲁·杰根斯公司（Andrew Jergens Company）。该公司位于俄亥俄州辛辛那提，是丸田芳郎曾经学到过很多经验的宝洁总部所在地，如今也成为花王的海外发展地。同年，花王还收购了美国Sentinel公司的资产，成立了花王信息系统公司，进行软盘的生产销售。

Kao Corporation of America是统管上述花王在美国所

有事业的花王美国分公司。1986年12月花王在德国也设立了具备统管职能的花王德国公司。根据德国歌薇（Goldwell）公司的申请，花王1989年收购了该公司75%的股份，1994年收购了该公司的全部股份。歌薇公司的美国分公司也在Kao Corporation of America 的统管之下。

发展事业多年的包括越南和中国在内的亚洲地区，也以家庭用品为中心扩大了事业范围。与此同时，花王重新编排了事业据点，重新审视并强化市场战略。丸田芳郎的这种全球化构想渗透到了欧洲、美国和亚洲的全部花王公司。

在工厂和母校种樱花树

1976年（昭和五十一年），也就是就任总经理后的第五年，丸田芳郎开始在花王的各个公司、工厂种樱花树。此前1963年丸田芳郎就在茨城的仓库种过樱花树，但是这次植树丸田芳郎有幸得到了园艺师守樱人——著名的第16代佐野藤右卫门的指导，沿着栃木工厂正门前的直路种了樱花树。这位守樱人说："这个地方虽然有些煞风景，但是三年左右土质变化之后还是种了樱花树"[50]。之后，1980年酒田工厂种植了樱花树，1986年和歌山工厂和鹿岛工厂种植了樱花树。

栃木工厂种上樱花树的次年，丸田芳郎又向母校群马大学

赠送给母校的樱花树（照片提供：群马大学工业会）

工学部（原桐生高等工业学校）捐赠了樱花树。对于丸田芳郎个人来说，樱花树包含着入学之初的印象和入学后的回忆。据大泽好雄说，当时的实际工作是由田中新二负责的，田中新二是大泽好雄桐生高等工业的后辈，此前一年6月就任董事。大泽好雄说："当时学校是把樱花树作为丸田芳郎的个人捐赠接受的，但我更想把这颗樱花树作为对培养了众多人才的母校的特别感谢"[51]。

第16代佐野藤右卫门这样评价丸田芳郎，"丸田芳郎是一个技术人员，给人的印象只是一个极普通的农村叔叔。他一心研究石油方面的技术,挖掘其中关于人性的东西"。关于向学校捐赠的樱花树中寄托的感情,丸田芳郎说:"因为自己的学生时代一直在努力学习,所以借这棵樱花树,希望现在的学生们也能够努力学习"[52]。

不管怎样,这棵樱花树包含的是丸田芳郎个人的感情以及花王对学校的感谢。

7. 从总经理到董事长

辞去总经理职务

1990年,丸田芳郎表明了辞去总经理职务的意向,在6月28日的股东大会上就任董事长。1887年(明治二十年)6月19日花王创始人长濑富郎创立了长濑商店,1890年(明治二十三年)10月17日"花王香皂"发售,丸田芳郎认为"对于制造商来说,最重要的是生产产品"[53],从这时算起到1990年恰好是第一件产品"花王香皂"诞生100周年。丸田芳郎辞去总经理职务时,"花王香皂"差四个月发售满100周年。从1971年10月因前任总经理伊藤英三突然去世就任总经理至1990年辞去总经理职务,丸田芳郎共任总经理19年。

从丸田芳郎就任总经理的第五年即1976年3月,到辞任总经理前的1990年3月的十五年里，花王一直保持着增收增益。这期间，销售额从1469亿1600万日元增长到了5454亿3200万日元，1990年的销售额约是1976年的3.7倍；总资产也从767亿5800万日元增长到了5303亿1500万日元，1990年的总资产约是1976年总资产的6.9倍。花王在这一期间取得了巨大发展[54]。

关于任总经理的19年间和总经理交棒，丸田芳郎说[55]：

今年6月我把任了近19年的总经理一职交给了常盘文克，我就任了董事长。我选择了在值得纪念的100周年前进行总经理交接，对此许多人都对我说"要是你担任总经理到整100周年时就好了"，妻子也说"我一直想着你会担任总经理到10月份"，对我选择此时退任总经理感到惊讶。

其实我完全没有要在"100周年之时"再进行总经理交接的打算。因为我认为对于持久存续的企业来说100年只是99年再加上365天，最重要的是每日的积累。

实际上，大约4年前我就开始考虑退任总经理了。昭和四十六年（1971年）前任总经理伊藤英三突然去世，我在没有任何心理准备的情况下就任了总经理。公司是制造商，但当时的公司里却充斥着"产品的品质不重要，只要宣传得力就能卖得好"的想法。

为了摆脱旧体制，建立起拥有研究开发能力的现代公司，就任总经理以来我有时甚至会强行行使我的领导权。兼任研究开发总部部长的那段时间，我也想通过自己的语言和行动，彻底根除当时公司里的这种错误想法。

这种状态持续了十年多，我认为自己一个人带领员工的方式到了必须要改变的时期。因为花王的工厂已经遍布了东南亚、美国和欧洲，事业也实现了多样化，形成了各地区、各业种均持有各自市场的企业群。

要想进入新市场，必须确立展望未来十年、十五年的战略。各部门负责人必须怀着"自己在做事业"的心态才能把工作做好。必须尽早结束"员工看总经理脸色工作"的状态。

大约两年前，我任命了两位副总经理负责国内事业。他们负责以削减成本为目的的全公司运动，结果原有4500名员工的工厂现在只要2000人就可以运转。多余的员工在公司内重新学习技术或者到海外工厂工作。看到这种状态，我决定进行总经理交接。

最终决定交接是在今年3月21日春分那一天。春分的第二天，我向以常盘文克为首的公司员工宣布了这一决定。从六七年前开始，我每年正月都会写一份自己就任总经理的过程和写有继任者姓名的遗嘱，然后把它托付给妻子，委托她在我万一之时把遗嘱交给公司。但是，这些遗嘱没有派上用场，最终是由我自己亲自宣布的。

回顾自己的人生，年轻时一直拼命地执着研究。然后在毫无思想准备的情况下就任了总经理，从此之后就一直要求自己走在员工前面。这些都源于想让公司变得更好的欲罢不能的冲动。

我们向消费者提供清洁、美丽和健康服务的工作就像是僧侣一家一家地化缘。在考虑总经理的职责时，我恰巧读到曹洞宗（译者注：禅宗的一派，开创于中国，后来由道元禅师传入日本）始祖道元禅师的《正法眼藏》。其中《身心学道卷》教导我只有身体和内心都一心不乱地专心执着修行，才能真正地大彻大悟。人生中热衷一事的忘我状态就是"身心学道"。

（此处有删减）

对于辞去总经理一职，我并没有什么特别的感慨。我仍然和之前一样每天做到最好，现在只是有一种淡然的满足感。作为董事长，我会和年轻的研究人员谈心，把自己的体悟分享给他们，尽管这些体悟未必完全准确。

丸田芳郎可能认为"自己一个人带领员工的做法"削弱了年青一代的自主创造性和行动力吧。丸田芳郎为了培养自己离开以后，能够担负起花王未来的下一代不断努力，向年轻人分享自己所学的同时，他也在考虑整备公司环境使其更利于人才的培养。从1990年6月到1994年6月,丸田芳郎共任了四年董事长。这四年里丸田芳郎执着于董事长的工作,是一位"教育者"和"传道者"。

设置研修所

教育方面,在1989年(平成元年),也就是丸田芳郎就任董事长的前一年就开设了霞浦研修所,目的是培养能够担任花王未来经营革新的人才。作为常设教育部门,霞浦研修所设置了管理课程、销售课程和苏菲娜课程——能够提供适应不同部门员工职责、满足不同部门员工需求的系统化课程。

1991年7月,丸田芳郎就任董事长的第二年,在和歌山县有田郡广川町开设了有田研修所。该研究所的主要目的是生产技术部门的人才教育,同时负责霞浦研修所的三门课程在关西地区的实行[56]。

"花王Econa食用油"的发售和宣传

1990年(平成二年),丸田芳郎退任总经理就任董事长的这一年,花王发售了"花王Econa食用油"。该产品继承了本书前面提到的1928年(昭和三年)发售的业务用油脂品牌"Econa"的名称,20世纪50年代还发售了"New

Econa""Econa LS"和"Soft Econa"等产品。1990年发售的"花王Econa食用油"主要是家庭烹饪用油。"花王Econa食用油"只会在食材的表面留下极薄的一层膜,而且加热不会飞溅和焦煳,防止油脂的过多摄入,符合清淡的调味需求[57]。

使用"Econa食用油"烹饪。
1992年 77岁

1996年"花王Econa食用油"更名为"Econa炒菜用油"。1999年"花王Econa食用油"作为特定保健用食品发售,与消费者的健康需求结合的该产品销量出现了爆发式增长。之后,蛋黄酱和色拉酱也以"Econa"品牌发售,食品事业成长为花王的支柱事业之一[58]。

丸田芳郎曾经一边亲自做料理,一边在各种场合给"Econa"做广告,宣传"Econa"。丸田芳郎亲自宣传后辈研究人员、生产和销售人员的创造性经营的成果，也是他作为"传道者"的一个方面吧。

海外演讲

丸田芳郎还向此前出差时去过多次的海外各地传授自己的经营哲学。虽然年已七旬，但他的脚步仍未停歇。

1991年5月8日，丸田芳郎在位于美国纽约市的哥伦比亚大学唐纳德·基恩日本文化中心，发表了题为"日本文化的影响和花王的经营哲学"（Japanese Cultural Influences and the Kao Corporate Philosophy：Dr.YoshioMaruta's Perspective）的演讲。丸田芳郎重视表达的细微差别，用日语发表演讲，隅田孝担任翻译。隅田孝英语非常出色，是以专业人员的身份进入的花王，从事化学品和软盘事业，1989年进入总经理室担任秘书。丸田芳郎把这位无论是演讲英语还是业务英语都非常出色的员工安排到了自己身边，让其担任翻译，把自己的想法准确地传达出去。1986年之前担任此职的是须贝益男，是隅田孝的上一任[59]。

在日本文化中心的演讲共分为两个部分，丸田芳郎边播放幻灯片边讲解。在第一部分中丸田芳郎介绍了花王的经营理念。这一部分中，丸田芳郎以圣德太子和道元禅师的教诲为基础讲解了为消费者服务、重视人的绝对平等、集中每个人的智慧、与多门自然科学专业联系进行研究开发、在计算机与通信发达以及国际化不断进展的背景下，高层管理营造尊重人的环境的重要性等方面的内容。在第二部分中，丸田芳郎介绍了花王的活动和组织进展。组织方面，丸田芳郎介绍了花王致力于TCR活动的开展和纵向一体化经营，企业服务与消费者需求相配，怎样创造新的价值的课题。其中，丸田芳郎详细展示了世界市场的规模，详细介绍了花王的研究、开发、工程管理和配送等系统以及教育系统。丸田芳郎在幻灯片中加入了必要的图解、法隆寺西院伽蓝（译者注：法隆寺位于日本奈良，相传为圣德太子在607年建立，分为东西两院。伽蓝指寺院。法隆寺西院伽蓝是世界上最古老的木构建筑群）和圣德太子坐像、法华义疏的内容和道元禅师观月像等。

丸田芳郎在演讲中提出"研究开发也要懂得自然法则"的观点后，听众提出了"自然法则是指弱肉强食吗"的问题[60]。这是一个很美式的问题，在尊重竞争秩序的美国是一个很正常的问题[61]。面对这样的价值观差异，丸田芳郎认为重要的是"要互相尊重价值观的差异，通过对话加深相互理解"。

同年12月16日，丸田芳郎又在两德统一后的柏林德日中心以"宗教和现代科学技术的发展"（英文题目不详）为题发表了约一小时的演讲[62]。

丸田芳郎在这场演讲中也是借助翻译和幻灯片介绍花王的理念。这次演讲内容与哥伦比亚大学演讲大致相同,列举了石油危机后花王节约能源和解决公害问题的成果,介绍了在经营活动中活用圣德太子和道元禅师两位先哲的智慧,把服务消费者作为共同理念、去除公司内部的权威主义、尊重绝对平等观,通过每个员工怀有热情地进行学科间研究,实现突破性的研究开发和信息系统开发,以及研修所的人才培养等方面的内容,向大家介绍花王的经营。在这次演讲中,丸田芳郎也向大家展示了和哥伦比亚大学演讲内容大致相同的幻灯片。

1992年7月在希腊克里特岛召开的世界40个国家参加的干尼亚会议上,丸田芳郎又在众多著名科学家、研究者、经营者和政治家面前以"东洋的思维和现代的世相"为题发表了演讲。同年10月,丸田芳郎在哈佛商业课程上发表了题为"花王的经营理念"的演讲。在这些海外演讲中,丸田芳郎都论述了圣德太子《十七条宪法》中"和的精神"的普遍性和"上和下睦"等尊重人的经营哲学。基于这种经营思想,花王信息共享的做法包含的是花王对世界的关心[63]。

8. 从顾问到平静的晚年生活

离开花王和隐居生活

1994年（平成六年）6月，在迎来80周岁的前半年，丸田芳郎退任了连任两届四年的董事长，成了顾问。下一任董事长由中川弘美副总经理担任。次年5月，丸田芳郎获得了勋二等旭日重光章[64]。

1996年6月19日，一直以来支持着丸田芳郎的工作、照顾着家庭的妻子厚子去世，享年72岁。厚子患有帕金森病，晚年又患上了阿尔茨海默病。

1998年4月，丸田芳郎退任了顾问，彻底离开了花王。从1935年（昭和十年）3月作为研究部员工进入花王到83岁离开花王，丸田芳郎在花王度过了63年的时光。

之后，丸田芳郎在位于吉祥寺的家里过起了听音乐、读书的隐居生活。悠然自得的生活中，经常陪丸田芳郎聊天、照顾丸田芳郎的人是丸田诚一的夫人角子。

晚年丸田芳郎的一大乐趣是古典音乐。对于古典音乐，丸田芳郎是年轻时受平田老师影响而了解熟悉，进入公司后开始喜欢，并在听演奏会中提高了鉴赏品位。身体还健康时丸田芳郎会出去购物，春天还会去赏樱花。对于丸田芳郎来说，吉祥寺的家周围的樱花是让他切身感受到四季变化的景色。但是，因为年事已高，丸田芳郎去医院的次数越来越多，腿脚也不利索了。

疗养和每天的生活

据丸田诚一所述，1989年丸田芳郎还任总经理时，因前列腺手术在顺天堂大学医院住了10天。1990年2月，丸田芳郎因高血压引发了脑梗死和脑血管性帕金森症候群（不是帕金森病，但与帕金森病症状相同），再次进入该医院脑神经科治疗，有时甚至要用轮椅[65]。所以，丸田芳郎退任总经理可能也有自己身体的原因。

据丸田诚一说，1998年前后和2000年前后，丸田芳郎两次因轻度脑梗死和尿路感染被救护车送入医院。但是，这两次住院时间都不长，都是第二天就回家了。慢慢地，丸田芳郎的生活就基本要靠轮椅了，也就很少再出门。丸田诚一开车带丸田芳郎去顺天堂大学医院进行三月一次的体检是为数不多的外出之一。从医院回家的路上，丸田芳郎最开心的事就是和丸田诚一夫妇一起去马喰町的丸文鳗鱼店吃午饭。从在花王工作时开始，丸田芳郎就经常去这家店吃饭。

从2003年左右开始，丸田芳郎连去顺天堂大学医院体检都做不到了，于是渡边滋医生就到家给丸田芳郎诊疗。渡边滋医生和丸田诚一从小学开始就是朋友。据渡边医生说，丸田芳郎第一次到渡边医院是1999年6月，从1999年7月开始渡边医生基本上每两周就会到丸田芳郎家中做一次诊疗。从渡边医院到丸田芳郎家很近，步行20分钟就可以到。实行护理保险制度的一年，丸田芳郎的儿媳角子无私的照顾以及住在世田谷的角子妹妹的帮助让丸田芳郎得到了充分的护理。丸田芳郎的床在有窗户的大屋子正中，床旁边安装了立体声扩音器和话筒。渡边医生称之为家庭看护的典范，因为这里环境干净，护理周到，而且方便诊疗[66]。

卧病在床的丸田芳郎依然享受着贝多芬和莫扎特等人的音乐。因身体原因，有时丸田芳郎感觉贝多芬的音乐沉重时，会换成莫扎特的音乐。

长眠

2003年（平成十五年）前后，丸田芳郎因尿路感染出现急性发热。2006年（平成十八年）3月左右急性发热发生的频率增加。同年4月左右因误食等原因引起了肺炎等疾病而开始每天打点滴，同年5月26日是丸田芳郎最后一次接受点滴治疗。

丸田家的墓（笔者摄）

5月30日下午2点20分护士到丸田芳郎家中护理时，丸田芳郎的状态还很好。但是下午3点5分丸田芳郎出现了呼吸停止，丸田芳郎的家人紧急联系了渡边医生。意识到异常的家人给丸田芳郎放了莫扎特第40交响曲，丸田芳郎却没有任何反应[67]。赶来的渡边医生确认丸田芳郎于2006年5月30日下午3时5分去世，享年91岁。

丸田芳郎的墓地位于丸田芳郎的老家长野县川中岛的唯念寺[真宗大谷派（译者注：真宗是净土真宗的简称，是日本佛教的一个宗派。大谷派是日本净土真宗十大派别之一）]。法名碑刻有"冠山院释救世"，与丸田芳郎少年时代游玩的冠着山（姨舍山）的名字很接近。丸田芳郎在父亲丸田芳三于1929年（昭和四年）2月25日建立起的，远望着冠着山的墓碑下，与父亲丸田芳三、生母丸田亭、继母丸田祯、继母丸田朝、夭折的弟弟四郎、末弟丸田严以及妻子丸田厚子七位家人一起长眠了。

注释：

1 关于道元禅师与《正法眼藏》和关于圣德太子的内容根据丸田芳郎（1992）《身心学道》（NTT出版）68—69页编写。

2 亚细亚大学经营学部编（1992）《高层管理体系特别讲义高层经营》（亚细亚大学经营学部）117页。

3 花王石碱股份有限公司宣传部（1977）《花王沙龙对话集日本人过去和未来的道路》（花王石碱股份有限公司宣传部）。

4 前述《花王沙龙对话集日本人过去和未来的道路》187—190页。

5 日本经营史研究所编（1993）《花王史100年》（花王股份有限公司）630—631页。

6 前述《高层管理体系特别讲义高层经营》118—120页、稻盛和夫・福原义春・关本忠弘・宫内义彦・寺田千代乃・丸田芳郎・上山保彦・志岐守哉・山本卓真（1992）《"人"的企业的时代》（Diamond出版）124—125页。

7 前述《花王史100年》630—631页。

8 花王博物馆・资料室编（2012）《花王120年》（花王股份有限公司）419页和769—773页。

9 前述《高层管理体系特别讲义高层经营》121页。

10 前述《花王史100年》611—616页、花王公司史编纂室编（1993）《花王史100年・年表/资料（1890—1990年）》（花王股份有限公司）250—251页。

11 吉田时雄（1993）《丸田芳郎勇者的经营》（TBS百科全书）177页。

12 花王石碱股份有限公司《花王family》No.80(1976年9月刊)4页。

13 关于员工调动、晋升的内容根据前述《花王史100年・年表/资料（1890—1990年）》250—251页编写。

14 丸田芳郎（1984）《我的人生观我的经营观续》（第二次印刷）（花王石碱股份有限公司宣传部）157页。

15 前述《花王史100年》816页、前述《花王史100年・年表/资料（1890—1990年）》。

16 前述《花王史100年》816—817页。

17 前述《高层管理体系特别讲义高层经营》121页。

18 关于研究开发体制的内容根据前述《花王史100年》642—655页。

19 前述《高层管理体系特别讲义高层经营》121页。

20 社会经济国民会议・产业开发部编（1989）《今后企业经营的状态——营造培养创造性的环境》（社会经济国民会议・调查资料中心）9—10页。

21 前述《花王史100年》630页和632—633页、丸田芳郎纪念册刊行规划中心编《一心不乱——丸田芳郎的工作》（花王股份有限公司）191—194页。

22 花王石碱股份有限公司《花王family》No.97(1979年7月刊)2页、前述《花王史100年》632页。

23 前述《一心不乱——丸田芳郎的工作》206页。
24 关于"乐而雅""妙而舒"的开发和市场战略的内容根据前述《花王史100年》661—686页编写。
25 《纸尿裤市场现状》,出自《妆业周刊》1984年4月9日。
26 关于早期纸尿裤市场的竞争情况可参考明治大学经营学研究所《经营论文集》第54卷第3、4期佐佐木聪(2007)117—121页《宝洁进军日本和日本企业的竞争战略》。
27 前述《花王史100年》711—717页。
28 佐佐木聪(2016)《产业经营史系列10 肥皂·洗涤产业》(日本经营史研究所)147—149页。
29 前述《花王史100年》686—699页和847页。
30 丸田诚一所述。
31 前述《花王史100年》718—721页。
32 前述《花王史100年》496—499页和800—805页、九十周年纪念出版编辑委员会编(1980)《4000人的人生轨迹》(花王石碱股份有限公司)283—290页。
33 此处关于菲律宾花王成立的内容根据对大泽好雄的采访编写。
34 关于聚氨酯泡沫塑料事业的内容可参考前述《花王史100年》521—534页。
35 前述《花王史100年》812—814页、前述《4000人的人生轨迹》269—272页。
36 花王股份有限公司《花王family》No.135(1986年1月)3页。
37 前述《花王史100年》872—873页、前述《花王120年》537—543页。
38 前述《花王史100年》814页、前述《花王史100年·年表/资料(1890—1990年)》144—146页、前述《4000人的人生轨迹》

272—273 页。

39　前述《花王史 100 年》808—812 页、前述《花王史 100 年·年表 / 资料（1890—1990 年）》138 页、前述《4000 人的人生轨迹》273—274 页、前述《花王 120 年》430—431 页。

40　此处妮维雅花王、花王高露洁口腔护理和花王—Quaker 的内容根据前述《花王史 100 年》511—517 页和 746—747 页、前述《4000 人的人生轨迹》277—279 页等资料编写。

41　前述《花王史 100 年》835—836 页。

42　前述《花王 family》No.135 第 2 页。

43　前述《花王史 100 年》838—840 页。

44　花王股份有限公司《花王 family》No.141（1987 年 1 月刊）第 3 页。

45　前述《产业经营史系列 10 肥皂·洗涤产业》121—126 页。

46　前述《花王史 100 年》849—851 页。

47　前述《花王史 100 年》866—875 页、前述《花王 120 年》541 页。

48　前述《花王 family》No.135 第 3 页。

49　此处海外事业的相关内容根据前述《花王 120 年》541—550 页、576—578 页和 588 页等资料编写。

50　花王公司影像制作中心编辑制作（1991）《影像资料花王与樱花——第 16 代佐野藤右卫门讲述》。

51　根据大泽好雄对笔者提问的回答编写。

52　前述《影像资料花王与樱花——第 16 代佐野藤右卫门讲述》。

53　前述《身心学道》16 页。

54　销售额和资产额数值根据前述《花王史 100 年·年表 / 资料（1890—1990 年）》246—248 页编写。

55　前述《身心学道》16—19 页、前述《花王史 100 年》876—877 页。

56　前述《花王史 100 年》855 页、前述《花王 120 年》604—608 页。

57　前述《花王史100年》109页、274页和848页。

58　《花王120年》640—644页。2009年3月德国研究机构宣布"Econa"相关产品中"环氧丙醇（glycidol）（同时含有环氧基团和醇结构的物质）脂肪酸酯"的量多于其他食用油，含量微小但有致癌性。虽然尚无实际危害，花王对产品的安全性也有信心，但是考虑到会影响消费者对花王的信赖，2009年10月花王果断退出了特定保健用食品名单并主动召回了"Econa"相关产品，停止生产。

59　关于丸田芳郎翻译任务的内容根据丸田诚一所述编写。关于在日本文化中心的演讲根据丸田芳郎董事长演讲录《日本文化对日式经营的影响》（花王股份有限公司、1991年5月）和丸田芳郎董事长演讲录《丸田芳郎董事长演讲幻灯片集》（1991年5月）、前述《身心学道》119—155页编写。

60　前述《丸田芳郎勇者的经营》245页。

61　关于美国的竞争秩序可参考中川敬一郎（1981）《比较经营史绪论》（东京大学出版会）168—169页等资料。

62　丸田芳郎董事长演讲录《宗教与现代科学技术的发展》花王股份有限公司1991年12月、丸田芳郎董事长演讲录《幻灯片集》1991年12月、前述《身心学道》157—176页。

63　前述《丸田芳郎勇者的经营》243—249页。

64　关于丸田芳郎和厚子夫妇晚年生活的内容根据对丸田诚一和角子夫妇的采访编写。

65　关于丸田芳郎的疗养和最后时光的内容根据对渡边滋医生和丸田角子的采访以及丸田诚一提供的信息编写。

66　根据对渡边滋医生的采访编写。

67　前述《一心不乱——丸田芳郎的工作》234页。

VII 业界团体的职务和荣誉

除了花王,丸田芳郎还在业界团体担任了许多职务。在本书第一部的最后部分对丸田芳郎担任的业界团体职务和获得的荣誉做一介绍。

(1)业界团体主要职务如下[1]:

○日本家用合成洗剂工业会(1961年成立)会长(1961—1963年)

※ 该工业会1973年与日本油脂工业会(1955年成立)合并为了日本石碱洗剂工业会。

○日本化学工业协会(1948年成立)副会长(1974年5月—1976年5月)

会长(1980年5月—1982年5月)

○日本中性洗剂协会(1962年成立)会长(1964年6月—1966年8月)

副会长(1966年8月—1968年6月)

会长（1968年6月—1970年7月）

副会长（1970年7月—1972年7月）

※该工业会1988年重新成立，名为日本食品洗净剂卫生协会。

○日本包装技术协会（1963年成立）会长（1977年5月—1981年5月）

（2）所获荣誉如下[2]：

○西班牙市民功劳勋章（1988年6月）

○德意志联邦共和国功劳勋章大功劳十字章（1991年12月）

○勋二等旭日重光章（1995年5月）

注释：

1　根据丸田诚一的调查和各团体的网站主页编写。
2　根据丸田诚一的调查编写。

第二部 论考

企业家素养的形成、发挥
经营革新及其在经营史上的意义

前　言

实现经营革新（innovation）的经营者一般被称为企业家（entrepreneur）。在探讨企业家素养（entrepreneurship）时会分析精神形成和发挥的主观条件以及主体所在环境即客观条件，在此基础上分析主观条件和客观环境的相互关系[1]。

在本书第二部中笔者首先回顾了丸田芳郎从幼年、少年时期到成为经营者的成长过程，从企业家素养形成的角度重新探讨丸田芳郎的成长环境和遇到的人。

接着，笔者在分析丸田芳郎成为经营领导后的外部环境的基础上，探讨了丸田芳郎基于经营理念发挥的企业家素养。之后，从经营战略的视角，回顾丸田芳郎发挥其企业家素养取得的革新成果。

最后，从企业家类型和革新内容的角度，重新分析丸田芳郎在日本战后企业家史上的地位和其经营革新在花王经营史上的意义。

注释：

1 此处关于客观环境和主观条件的内容根据佐佐木聪（2004）《日本企业家活动的主观条件和时机》组织学会编《组织科学》Vol38.No.1（白桃书房）编写。

I 企业家素养的形成

1. 少年时期和学生时代

道德·神·自然·人智

丸田芳郎是家里的长子，父母都是教育工作者。他在父母的严格要求和爱中长大，从小就对"德"和"孝"有了模糊的印象。丸田芳郎一家随着父亲工作的调动而在信州各地频繁搬家。他的家邻近山河，亲近自然，离神社也很近。这种环境为纯洁热情的少年成长为全面的人才，提供了充分的客观条件。

丸田芳郎曾住在佐良志奈神社，被如相框般的武水别神社鸟居收入其中的冠着山的景色，以及神社周边的山峰体现着神与自然的和谐，这让丸田芳郎对神秘的事物心怀崇敬。

自然的平稳变化带给人们安稳和恩惠，自然的急剧变化又让人们感到严酷和威胁。对于自然的严酷和威胁，人们会发挥集体智慧寻求应急对策。但是，在平稳的生活中发挥智慧努力的人和不发挥智慧不努力的人,获得的东西有质的区别。

和辻哲郎评价日本人的风土特质为"安静的激情、富于战斗性的恬淡"[1]。在信州的自然中,丸田芳郎也具备了这种特征。但是,少年丸田芳郎不局限于一味地接受自然中既定的客观条件,在自然中玩耍时,丸田芳郎还会加入自己的小创意。也就是说,丸田芳郎会努力地积极改变客观条件。

丸田芳郎还在亲戚家帮着做农活,一起劳动过程中的相互启迪,提高了游戏和工作的水平。丸田芳郎在此过程中,体会到了向自然发挥人的集体智慧的效果和效率。从这个意义上来讲,对于丸田芳郎来说,没有创造和集体协作的所谓"恬淡"和天真无邪,也是怠慢和愚蠢的行为。

对理科的执着和文学艺术的修养

进入长野中学后,丸田芳郎对物理、化学和数学的兴趣日益浓厚。他尝试用科学视角学习此前未接触过的东西,重新审视学过的知识并改进自己的创意,从中获得了新知识。

这一时期丸田芳郎还开始在写生课和音乐课上接触艺术。虽然当时丸田芳郎对艺术还并不是那么感兴趣,但中学时期接触艺术成了其日后对艺术持有浓厚兴趣的契机。这一时期丸田芳郎还获得了运动奖励,慢慢地成为游泳能手。

从武水别神社望冠着山（笔者摄）

旧制长野中学。学校现已有新校舍，部分旧校舍也原样迁移至了新校舍所在地（笔者摄）

有关皇室的各项活动、相当于校歌的歌曲《远航》和当时的皇太子行启纪念碑等,让丸田芳郎非常重视皇室在日本历史上的地位。

虽然家里生活艰辛,但在父母的支持下,丸田芳郎中学毕业后进入了高等学校继续学习。进入了桐生高等工业的丸田芳郎离开了父

桐生高等工业学校(现群马大学)时代。
1934年左右 19岁左右

母,开始了宿舍生活。这一时期,丸田芳郎的活动范围增大了,也体会到了比原来更为广阔的四季轮回的自然。与平田老师的结识,提高了丸田芳郎对文学、美术和音乐的兴趣。昭和天皇的行幸,也进一步加深了丸田芳郎皇室崇拜的观念。桐生高等工业时期的这些经历,丰富了丸田芳郎的经历和兴趣,为其后来的经历和深刻的洞察力建立了基础。

丸田芳郎入学时看到的桐生高等工业的樱花,对他的自然观和人生观产生了深刻影响。盛开的樱花仿佛人生短暂的辉煌

时刻,飘谢的樱花又仿佛人生的虚幻无常。"土壤不同樱花的生长情况也不同"的现象,还影响了丸田芳郎的人才培养观。

丸田芳郎就这样从幼年、少年时期到学生时代,一点儿一点儿地体会到了自然的恩惠与严厉、创造性智慧的作用和文学艺术的魅力,并慢慢形成了皇室崇敬等思想。

2. 研究部员时代

人才供需的背景和进入花王

丸田芳郎在桐生高等工业主攻应用化学专业纤维化学方向。临毕业前本已内定了丸田芳郎进入当时处于事业发展期、需要大量人才的东洋人造纤维公司。但因为丸田芳郎生病,内定资格被取消,在高桑教授的建议下丸田报考了花王。花王原本并未录用丸田芳郎,在高桑教授的强烈推荐下才决定临时录用丸田。丸田芳郎却拒绝了花王的临时录用,经高桑教授劝说才进入花王。

从产业人才供给方来看,丸田芳郎进入花王时日本正处于"高等教育的显著扩大期"[2],从需求方来看,随着花王1928年(昭和三年)销售部门年限合同雇佣制的取消和1931年二代富郎"长濑香皂产业"构想的提出等,此时正是花王需要新人才的时期。虽然此时花王的研究部门，已经有了具备应用化学或药学专业知识的高等教育机构的毕业生，但仍然需要进一步引进人才[3]。

在人才供给量和需求量都比较高的时期，丸田芳郎勉勉强强进入了花王。而从最初进入花王开始，丸田芳郎就不是一个对花王的企业组织秩序不加批判地接受的所谓"模范"员工。

执着研究

根据年轻的新总经理的经营方针，花王不断开发新产品。丸田芳郎跟随川上八十太博士一心执着研究。丸田芳郎与上司发生过冲突，经历过失恋，但他始终埋头研究，甚至有些固执。执着研究让丸田芳郎远离了公司里的喧嚣。

专心研究的丸田芳郎可以远望公司组织结构及其利弊，从整体客观化的视角看待公司的组织结构。对于当时20岁出头的丸田芳郎来说，即使被疏离也要专心研究创造工作或许并不是他的本意，却是他的宝贵经验。这些经历培养了丸田芳郎对权威、奉迎和不合理现象的反抗精神，也让丸田芳郎更加尊重个人创造。这是日后丸田芳郎带领组织集团时"组织绝不可以埋没个人"思想的基础。

与川上八十太博士这一优秀研究者的结识，在学术上对丸田芳郎来说是一个巨大的激励,激励着丸田芳郎不断钻研。

艺术鉴赏

对于这一时期的丸田芳郎来说,让其身心都得到放松的是艺术鉴赏,其中之一是古典音乐会。虽然在学生时代,丸田芳郎也用唱片或在小型音乐会上听过音乐,但正式地听现场乐团演奏还是第一次。这一时期的丸田芳郎也是第一次去画廊欣赏高质量的绘画作品。

对于工作中在研究上勇往直前的丸田芳郎来说,工作之外这些高质量的艺术对感性和洞察力的陶冶是身心的放松,能让他重新振作精神。同时,这也是丸田芳郎日后成为有素养的经营者的坚实基础。

尤其是乐团演奏,对丸田芳郎这种素养的形成起到了巨大作用。用多种乐器共同表达乐曲思想是丸田芳郎喜爱交响曲的乐趣所在,个人演奏能力的提高和统率整个乐队的指挥的卓越技能,增加了音符的色彩和深度。经常去演奏现场的丸田芳郎经历了乐队演奏技术提高的过程。这是丸田芳郎建立"不只处于指挥位置的领导者履行责任,还要尊重个人的创造性和建设性工作"的组织方式的思想基础。

与伊藤英三的结识

与伊藤英三的结识决定了丸田芳郎在花王的发展方向。公司部分人员对年轻总经理断然实行改革持反对意见,造成了公司的不稳定。而让丸田芳郎远离这种不稳定,并且给了丸田芳郎赴京都帝国大学进修机会的正是伊藤英三。

伊藤英三与创始人长濑家族关系很近,正因为如此伊藤英三的人品和能力备受期待,但是也正因为如此他不能自由施展才能。而丸田芳郎没有这种束缚,有骨气有能力,是能够担负花王未来的下一代,这让伊藤英三自叹不如。伊藤英三渊博的知识和宽广的胸怀吸引了丸田芳郎,丸田芳郎也越来越信任伊藤英三这位如自己所期的上司。对于丸田芳郎来说,有伊藤英三这样一位值得信赖的搭档是其企业家素养形成的一个重要基础。

研究者的成长和战时不合理现象

在京都帝国大学的进修,坚定了丸田芳郎做一名化学研究者的志向。回到花王后,丸田芳郎取得了提高 α-烯烃产量、合成航空润滑油等多项成果,还因此受到了学术团体甚至陆军的关注。受到陆军关注后的丸田芳郎不得不助力军需生产。

第二次世界大战结束的前一年,丸田芳郎就任大日本油脂董事。这一年,应军方要求大日本油脂成立了和歌山工厂。资源制约下的鲁莽决定,引发了该工厂的爆炸事故,此次人身伤亡事故,因军方未接受丸田芳郎技术团队的建议引发。因追究事故责任,丸田芳郎从董事兼技术部部长降职为科长。这是战时的不合理现象,但对于丸田芳郎来说,这次造成重大人身伤亡的事故,物资自由被限制时期的不合理现象也是其重要经验。正因为经历过此次考验,物资限制解除、活动自由保障之后,丸田芳郎才能够带领公司取得巨大发展[4]。这次经历培养了丸田芳郎在经营中预判问题的能力。具体来说就是其中能够解决的事先解决,不能解决的问题在工作时加以注意,并根据问题选择合适的解决方法。

3. 和歌山工厂厂长时代

裁减人员和协调劳资

第二次世界大战结束后的第二个月,丸田芳郎成为和歌山工厂的厂长,负责工厂的复兴。从这一时期开始,丸田芳郎除了继续积累企业家素养外,也开始发挥这种企业家素养。

在金融危机中,丸田芳郎不得不裁减人员。留下的人员像多面手一样尝试了多方面的民需生产。因为裁员会导致创造性经营的源泉丧失，所以丸田芳郎对于裁员的想法很复杂。但是，在年轻时经历这种痛苦与经营存续的两难选择，是对丸田芳郎作为经营者和企业家的思想和执行力的一次重要历练。

和歌山工厂先是从大日本油脂转交至产业设备营团，后来经营权又转交给了日本有机。而花王此时期依旧保持着20世纪40年代开始的三公司体制，但是花王公司（销售部门）、大日本油脂（东京工厂）和日本有机（和歌山工厂、酒田工厂）互相独立。随着隐居的伊藤英三回归任日本有机的总经理，花王开始了伊藤—丸田组合掌舵公司经营的时代。

1949年日本有机改称花王石碱（同年大日本油脂和花王公司合并为花王油脂，公司成为双公司制）之前，日本有机一直在进行劳资谈判。在劳资谈判中，始终坚持了劳资协调这一方向。协调是丸田芳郎少年时代形成的理念之一，他的协调理念当时虽模糊却慢慢地成形了。丸田芳郎与伊藤英三组合向劳资协调的方向引导是发挥企业家素养的最初成果。正因为丸田芳郎体验过痛苦，才更加强烈地渴望实现协调吧。

表面活性剂的生产和对研究开发的重视

和歌山工厂备受期待的硫酸铵生产，由于设备的移出未能实现。与有实际成绩的东京工厂相比，和歌山工厂转向产品不

赴美考察。1951年 36岁

足的香皂生产并不容易，所以和歌山工厂不得不像多面手一样开始多方面的产品生产，之后转向了青霉素和表面活性剂（高级醇）的生产。后来，青霉素的生产因火灾中断。高级醇的生产在新建设的高压还原工厂进行，高级醇生产从战前开始就是花王的技术，这一时期和歌山工厂成了生产的主力。

基于自己的经验和立场，成为花王石碱专务董事的丸田芳郎依然特别重视研究开发。丸田芳郎把自己视为创造团队的一员，并且站在这一立场上鼓励研究开发人员，这让他和花王都得到了巨大发展。

结婚和与"汰渍"的相遇

和歌山时代，丸田芳郎找到了自己的人生伴侣，取得了博士学位。无论是作为普通人还是研究者都是一个新的开始。

丸田芳郎与厚子夫人的新家是原纪州德川公的宅子。这里被众多翠绿的树木和大池塘环绕，对于丸田芳郎来说，这里是能够像少年时期般与大自然相处的惬意空间。这样的居住环境，不但可以让丸田芳郎保持一直以来的生活方式，也是丸田芳郎对自然与人的关系的思考变得成熟的基础。

结婚三年后，在夏威夷与"汰渍"的相遇，决定了丸田芳郎表面活性剂的研究方向。无意间偶遇的红盒子"汰渍"，引起了丸田芳郎的注意，丸田芳郎把这个红盒子里的东西，送至花王技术团队进行分析。分析结果表明，以花王现有技术也有可能开发出这一产品。最终，"花王洗衣粉"作为其成果发售，这成为战后花王合成洗涤剂开发生产销售的起点。正因为在战前除洗涤肥皂外更注重化妆（浴用）香皂，花王才得以不被洗涤肥皂拘泥，开展洗涤用合成洗涤剂的开发[5]。虽说如此，如果丸田芳郎看到宝洁产品后没有想到自家公司，即便时机很好也有可能被其他公司赶超。

注释:

1 和辻哲郎（1979）《风土》（岩波文库）166页。
2 天野郁夫（1989）《近代日本高等教育研究》（玉川大学出版部）273页。
3 佐佐木聪（2000）《从花王看二战前职员的高学历化》，出自川口浩编《大学的社会经济史》（创文社）209—226页。
4 这种经历不只丸田芳郎有。例如，被认为日本电气公司中兴之祖的小林宏治，战时担任了玉川向制造所海军音响工厂的厂长，负责制造磁性鱼雷。磁性鱼雷就是磁性中心缠有电线，磁性变化的地方装有雷管的鱼雷。磁性线圈的最佳圈数是10万至20万，虽说海军已经把标准降低，但最终连降低的标准都未采用。装备日本电气提供的新型声呐的驱逐舰沉没的原因，是敌军以一艘潜水舰作为诱饵，但是对此不知情、瞄准诱饵提高速度的日本驱逐舰开始对其进攻，其他敌军潜水舰则在驱逐舰速度超过20节声呐无法发挥功能的地点，瞄准日本驱逐舰将其击沉。关键是，海军把使用方法不当的责任转嫁给了工厂，认为是声呐的技术问题。关于战时玉川向制造所生产的水中音响的振动板的加工，日本能率协会（1942年3月日本工业协会包含日本能率联合会的形式创立）的小野常雄给出的动作分析结果，是每个振动板的加工时间由之前的一个月缩短至8小时。按此实行后，取得了重大成果，而且在资源制约下提高效率的方法得到了好评。因此，战后的小林宏治在生产管理方面积极引入CCS（民间通信局）品质管理并积极开展零缺陷（Zero Defects）运动 [佐佐木聪编（2012）《日本企业家群像Ⅲ》（丸善出版）第5章]。
5 佐佐木聪（2016）《产业经营史系列10 肥皂·洗涤产业》（日本经营史研究所）92页。

II 企业家素养的提升和应对环境变化

1. 合并后新花王公司的董事和营业经理

缩短票据票期和引入现金交易制度

1954年(昭和二十九年)8月,花王的两家公司合并为一家公司,即花王石碱公司,丸田芳郎任新公司的董事兼营业经理。以总经理为首的经营团队引入了外部人才,在这种体制下丸田芳郎依旧发挥出了自己的卓越才能。

丸田芳郎新官上任的第一把火是缩短票据票期,并引入现金交易制度,其中票据票期过长是存在多年的问题。这一改革源自于丸田芳郎注意到零售店里的现金后产生的一个朴素的疑问。丸田芳郎从少年时起就以一颗单纯的心去体会自然并加以适当的创意,这种资质让丸田芳郎在工作上也能提出朴素的疑问。

作为技术人员出身的经营者,丸田芳郎在市场方面进行的改革较少,而这项交易方面的改革是最先进行的一项市场改革。丸田芳郎在更广阔的领域积累并发挥了自己的企业家素养。

研究开发的重视和合成洗涤剂的普及

日本向开放经济转变的过程中,丸田芳郎一方面积极推进与海外企业的合资,引进吸收先进的技术,另一方面以研究开发会议为中心确立了自家公司的研究开发方针。对于花王这样生产销售日用品的企业来说,以自家公司的研究开发为基础生产销售对顾客有用的新产品是非常重要的。这一思想是丸田芳郎的坚定信念。

20世纪50年代到60年代初合成洗涤剂迅速普及,1963年合成洗涤剂产量超过肥皂。恰好电动洗衣机的普及率过半也是在这一时期。花王生产的由"花王洗衣粉"改名而来的"Wonderful"和1960年发售的"Zab"促进了合成洗涤剂发展,竞争企业的加入也促进了市场的扩大。而花王的原动力就是丸田芳郎最重视的以圆桌交流和大厅集中讨论方式进行的研究开发[1]。

进军海外

1957年,时任营业经理的丸田芳郎在泰国发售了"飞逸香波",并以此为开端向香港、马来西亚和中国台湾进军。向海外进军时丸田芳郎都会详细了解各地区的情况,在此基础上,用尽可能与各地区实际情况相适合的方式向各地区进军。也就是尊重各地区的经营习惯。

无论国内还是国外,丸田芳郎的理念都是在"清洁"方面帮助消费者。丸田芳郎并没有忽视各国清洁和洗浴等方面的习惯,也没有无视企业整体战略和市场实际情况就鲁莽草率地做出决定。花王分析各国市场的实际情况和消费者的习惯,开发出了新产品。重视多样性是丸田芳郎不变的信条,同时他也重视由不同的事物带来的新的价值创造。正因为如此,外资企业向日本市场进军时,无视日本流通习惯等活动遭到了丸田芳郎的强烈反抗。

2. 客体条件的转变和作为企业家的挑战

外资的加入和超市的兴起

丸田芳郎作为技术型经营者,增长经营方面才能的时期恰逢日本经济和肥皂、洗涤剂产业迎来巨大变化的时期。20世纪60年代前半期,贸易和资本实现了自由化。贸易自由化后,以宝洁和联合利华为代表的众多全球性企业的产品,进入日本市场成为可能。这些海外企业能够设立日本法人,直接在日本进行生产销售。对于日本企业来说,竞争环境发生了巨大变化。

另一方面,纵向竞争越来越激烈。在位于流通链下游的零售业中,超市等新势力兴起。超市经营者以大量购入和大量销售为武器,从流通链下游就进行"价格破坏",正面对抗位于流通链上游的制造商推行的流通秩序。

转售价格维持制度和销售公司的成立

面对经营环境的改变,花王采取了一系列措施。比如:成立专门负责中间流通的销售公司、完善补充销售公司功能的代理店、提高本公司信息物流能力和店面管理技术等。销售公司原本是日本福冈的批发企业,为了对抗新兴零售势力和花王,为挽救经营不振的代理店而成立的,但不久后花王将销售公司作为一项确保纵向竞争优势的前向一体化战略。

为了完善销售公司制度,丸田芳郎一直与各地批发店经营者保持沟通。丸田芳郎一直非常重视各地批发商,他们支持销售公司制度,支持花王,他们经营的批发店是销售公司途径之外的花王产品代理店。丸田芳郎这样做,也是为了把握不断变化的国内流通情况,以及各地消费者的喜好变化和需求。

另一方面,《独禁法》中例外制度之一的转售价格维持制

三鹰市牟礼家中。1957 年左右　42 岁左右

副总经理时代。1970 年左右　55 岁左右

度的引入，对花王从流通链上游到末端的价格维持都起到了有利作用。但是，对于尊重创造性、建设性智慧和经营的丸田芳郎来说，这种法律保护下的价格维持并非本意。因此，丸田芳郎也将此制度称为"休战协定"，并向相关人员解释称，此制度只是根除贱卖等不合理行为执行的临时法律措施。

公害问题的对策和对海外原料的关注

经济高速增长也伴随着众多后果。洗涤剂制造商也引起了很多公害问题。比如：不易分解的ABS影响了污水处理厂和水生生物，还引发了水质浑浊等问题；磷酸盐造成的浑浊和富营养化破坏了水中生态系统平衡。

对于前一问题，以丸田芳郎为代表的技术团队首先用花王的高级醇优势技术，实现了厨房用洗涤剂的可降解化，重质洗涤剂则采用了易于生物分解的LAS。高级醇的使用，使花王转向经济性和稳定性都比较优秀的海外合成原料，虽然当时未能实现，但是这成为后来海外原料生产的基础。

在解决丸田芳郎就任总经理后出现的磷酸盐问题时，丸田芳郎在低磷与去污力之间平衡的基础上实现了低磷化和无磷化，同时也考虑了洗涤剂的浓缩化问题。

花王正是因为在研究开发、生产、销售和市场全部领域的组织能力得到提升,才能够不单纯应对政府管理,而是在更广阔的范围内制定出创造性的对策。

注释:

1 可参考第三部"中川弘美采访"部分。

III 领导才能和经营战略

1. 突然继任总经理和随后的危机

继任总经理和企业家素养的提升

伊藤英三去世后,丸田芳郎就任了花王石碱的总经理。对此丸田芳郎曾直言"没有思想准备",但是对于丸田芳郎周围的人来说却在预料之中,也在公司内外很多人的期待之中。

丸田芳郎不是一个陷入权威主义、懈于自我提升的经营者。成为企业领导后,丸田芳郎在自己此前积累起来的人文素养和领导能力基础上,又培养了自己作为高层管理的能力。丸田芳郎以一颗平常心面对每天的生产和时刻变化的状况、获取必要的知识和信息、汇集众人智慧并在仔细洞察的基础上选择合理的方法。

丸田芳郎一边积累企业家素养,一边在更高的水平上发挥其企业家素养。如果用丸田芳郎喜欢听的音乐演奏来比喻的话,这就好像管乐器的呼与吸的循环呼吸演奏法，就像演奏技法慢慢成熟一样，丸田芳郎也一边不断丰富自己的企业家素养，一边在公司内外发挥其能力。

日本市场对外资的批判和与外资的竞争

花王向海外进军时，丸田芳郎一直尊重当地经营习惯。在丸田芳郎的眼里，海外企业以均一的世界战略扰乱日本市场秩序的行为，是"没有伦理性的企业行为"。

外资制造商和国内制造商之间的竞争为横向竞争，另一种竞争就是前面提到的纵向竞争。

丸田芳郎批判这些海外企业的行为是"没有伦理性的企业行为"，对"价格破坏"果断采取了停止出货等措施。除此之外，丸田芳郎不断激发技术团队士气，不断在花王的土壤里播撒研究开发的种子，通过向市场投放新产品，对外资企业进行了创造性、发展性的对抗。主要产品合成洗涤剂自不必说，除一直以来的化妆香皂之外，花王又开发了新产品，向卫生用品方向发展，扩大事业范围，与外资企业竞争。

石油危机——洗涤剂恐慌

丸田芳郎就任总经理的第二年，石油危机袭击了日本经济。

日本国内发生了洗涤剂恐慌，丸田芳郎要立刻拿出解决办法。丸田芳郎在努力增加产量、维持流通秩序的同时，还不得不应对来自外界的批判，比如有人批判物价高涨的原因之一，是洗涤剂制造商的惜售等。面对国会上的证言和东京都的批判，丸田芳郎义正词严，维护了花王的正当性。

面对社会的批判，花王的员工中不乏战战兢兢者。丸田芳郎义正词严的姿态消除了员工的不安，提升了员工对丸田芳郎的信任和公司的凝聚力。这种信任和凝聚力增加了丸田芳郎领导的支持度，成了花王组织能力大幅提升的基盘。

不仅在组织内，丸田芳郎作为企业经营者在公开场合表明信念和正当性，还提升了丸田芳郎和花王的社会认知度。从这一时期起，丸田芳郎不再只是花王的企业家，而是一位油脂化学业界的企业家。

2. 经营理念的确立和组织建设

先哲给予的启迪和系统化经营理念的提出

就任总经理后，丸田芳郎开始考虑以此前的经验为基础，确立系统化的经营理念。而圣德太子和道元禅师倡导的"和"之精神，以及尊重日常创造性智慧和经营的教诲，正合丸田芳郎的心意。

一般来讲，企业家或者经营者向利益相关者表明的经营理念，是企业家或者经营者的个人生活经验，以及在企业活动中积累的信念的集合。丸田芳郎的每一条信念都是以年少时期的游玩、学习和人文教育等为基础，经过诸多不顺和困难的考验形成的。这些单独的信念在形成后的短期内不会系统化，但是在伟大先哲的智慧、自然的法则和"宗教"（religious）的帮助下就会联系在一起，实现系统化。

对于丸田芳郎来说，少年时代参加农活的经历、与自然协调、科学、睿智的相处方法、远离组织集团一心埋头研究的经历、熟悉的音乐和弦及其作为工厂责任人和经营者解决困难的经历等，都是丸田芳郎信念形成的基础。这些独立的信念以佛教为基础，通过两位先哲的教诲形成了体系化的理念。

丸田芳郎用"干净的国民才能兴旺"，指出了花王产品的社会意义，并且把两位先哲的教诲，总结为了"重视创造""尊重人性""消费者优先"这三条基本经营理念。

"重视创造"和"尊重人性"这两条在很大程度上，也是丸田芳郎根据个人经验提出的。丸田芳郎进入公司时并非心甘情愿，刚进入公司就埋头研究，取得了多项研究成果，在公司里保持着清高孤傲的姿态。这样的经历使得丸田芳郎不愿意轻率地否定与大众不同的人和事物。

扁平化、柔性化的组织

无论是高层管理组织还是生产现场,丸田芳郎为了创造一个能够让员工更好地自主创造的环境,不断改革修正,最终选定了"尊重高层管理自主性的同时,也广泛听取意见进行协商决策"的组织方式。

员工可以向公司高层上报意见,通过大厅集中讨论和圆桌交流,促进多个部门之间的意见自由交换。生产现场通过小团体活动使大家共享每个人的想法。

丸田芳郎设计的公司组织方式弱化了职责分工(demarcation),是一种重视互补性的组织方式[1]。这种组织方式以圣德太子倡导的"和"之精神为基调,与欧美明确义务、权利与责任的组织方式有本质的不同。

但是,这里的"和"并非愚人的"和"和形骸化的"和"。这里的"和"是"和而不同",在"和"中必须发挥个人创造性,然后把个人创造集中为集体智慧,在具体的产品开发、生产和销售中有机地形成成果。以"消费者优先"作为共同行动理念,不懈创造,由保持"人的新鲜度"的员工[2]构成和维持的组织,是丸田芳郎组织设计的根本理念。

由此，丸田芳郎建立了一个能够顺利推进公司新事业创造，国际化发展的组织体制。

3. 经营战略

从经营战略的角度，可以把丸田芳郎的企业家才能总结为三点，即多样化战略、纵向一体化战略和全球化战略。

多样化战略

丸田芳郎一直重视的研究开发涉及油脂化学、界面科学、高分子科学、生物科学和应用物理学等广泛领域。这些领域的基础研究与基础技术研究、消费者研究与应用研究，能够带动市场的商品开发研究相辅相成，使花王实现了产品多样化[3]。产品多样化提高了花王的范围经济（economy of scope）[4]。

花王在卫生用品、全身清洁用品、化妆品、洗浴用品和合成洗涤剂各领域，不断推出基于创造性技术的新产品。花王生产的这些产品具有高社会实用性、高性价比，而且保证产品信息公开，所以广为市场接受，改变了人们的生活方式。

1985年，丸田芳郎迎来了古稀之年。对于丸田芳郎来说，一连串的多样化产品实现商品化，意味着实现了"摆脱单纯石碱公司"的宏伟愿望。而随着丸田芳郎这一愿望的实现，花王的公司名称去掉了"石碱"二字，由"花王石碱公司"改为了"花王公司"。

纵向一体化战略

丸田芳郎还实行了纵向一体化战略（vertical integration），即实现了原材料供应、研究开发和产品销售的一体化。纵向一体化战略在日本国内外都有开展，所以这一战略与全球化战略是同时进行的。

纵向一体化战略中的前向一体化（forward integration）战略，是指通过成立销售公司进入中间流通领域，这在本书前面已提到。这是通过销售公司开展零售店管理，向更接近消费者的领域统一的尝试。纵向一体化在海外的开展，指花王向亚洲地区进军，这在本书前面也已提到。

1977年花王在菲律宾设立当地法人生产高级醇，是后向一体化（backward integration）战略的起点。之后，生产过程合理化和物流战略开展后，销售部门更加高度统一化，花王从而实现了从原料到销售的纵向一体化。

原材料能够得到保证，各领域的基础研究开发也有充分的沟通基础，花王整个公司的凝聚力日益提高。花王通过精简的组织结构实现商品化,通过自有途径向消费者提供产品。

全球化战略

本书前面提到的向亚洲地区进军后,20世纪60年代后半期到70年代,丸田芳郎又与欧洲、北美、中美在各种产品的生产方面进行了协作。1986年,也就是公司名称变更的次年,被定为了"全球化元年",这一时期花王又强化了在美国的基盘,并继续向越南和中国发展。

全球化过程中,丸田芳郎都会注意详细了解各国或各地区的风俗、习惯、历史、文化和价值观。这需要宽容的心胸,需要对当地自然和当地人的接纳力和包容力,而且不同的文化和价值观,还要与个人价值观逐渐融合,要有灵活的洞察力。率先垂范做这些事情的正是丸田芳郎。

注释:

1 关于日本企业经营的"互补性",可参考奥田健二(2011)《日本工作方式经营学——从丰田方式到亲鸾》(御茶水书房)。另外,日本企业组织职责分工的弱化在明治大学名誉教授由井常彦(公益财团法人三井文库常务理事、文库长)的多部论文、著作中有提及,可参考由井常彦教授2015年著作《讲解日本商业的发展和考验》(PHP

研究所）186页。[译注：亲鸾（1173—1263），日本镰仓初期僧人。亲鸾是净土真宗创始人，提倡"恶人正机"，即只要心诚念佛，罪深恶深之人也可成佛。亲鸾肯定在家修行，自己也娶惠信尼为妻。]

2 "人的新鲜度"一词由日用百货（除肥皂、洗涤剂、纸品外）大批发企业大嘉公司（今Arata公司）副总经理振吉巳岁男提出[佐佐木聪（2015）《地区批发企业大嘉的发展——国营批发的历史产物》（mineruvua书房）108页]。

3 丸田芳郎纪念册刊行规划中心编《一心不乱——丸田芳郎的工作》（花王公司）193—194页。

4 关于"范围经济"，可参考小艾尔弗雷德·D.钱德勒《规模与范围——产业资本主义的动力》（*Scale and Scope—The Dynamics of Industrial Capitalism*）哈佛大学出版社1990[小艾尔弗雷德·D.钱德勒著，安部悦生、川边信雄、工藤章、西牟田祐二、日高千景、山口一臣译（1993）《规模与范围（Scale and Scope）——经营力发展的国际比较》（有斐阁）]。

Ⅳ 经营史上的丸田芳郎

1. 丸田芳郎在战后日本企业家类型的归属

为引进海外技术，战后日本的石油化学、钢铁、化学纤维和造纸等众多产业都进行了革新和必要的投资[1]。担当此项大任的大多是职业经理人（salaried manager）型的企业家。

企业家促进了日本社会经济从战后到现代的转换，完成了技术革新和组织革新。这些企业家或是创始人及其家族或同族的继任者，或是职业经理人。根据创业经营的不同时期，企业家的属性分为以下四种情况[2]。

第一类是创业企业家及其家族或同族的继任者，这一大类又分为三类。第一类是战前创立中小企业战后完成革新的经营者。比如：松下电器的松下幸之助、出光兴产的出光佐三、东燃的中原延平、三得利的佐治敬三、普利司通的石桥正二郎、夏普的早川德次、西浓运输的田口利八和欧姆龙的立石一真等。

第二类是战后创业改变了人们生活方式的经营者。比如：本田的本田宗一郎和藤泽武夫、索尼的井深大和盛田昭夫、京瓷的稻盛和夫、大荣的中内功、7-11的铃木敏文、华歌尔的塚本幸一、西科姆的饭田亮、软银的孙正义和乐天的三木谷浩史等。

不管这些创业企业家是战前创业还是战后创业，他们中多数人都开发出了此前没有的新产品、开拓出了新市场和新产业。这些企业家以不同于既往企业或企业经营者的全新视角，开创新的事业内容并付诸实施。可以说，正因为如此，这些企业家才能够给社会带来重大变革。从这个意义上来说，拥有新构想和行动力的创业企业家日后也会被寄予更大的期望。

与创业家相关的第三类企业家是创业家的继任者。如果算上中小企业，这种类型的经营者是很多的。大和运输的小仓昌南等是这一类企业家的代表，小仓昌南是战后创业时代带领公司事业取得巨大发展的著名企业家。

第四类就是企业内部晋升的职业经理人。川崎制铁的西山弥太郎、东丽的田代茂树、日本电气的小林宏治、富士施乐的小林阳太郎和朝日啤酒的樋口广太郎等都属于这一类别的企业家。花王的丸田芳郎也属于这一类。

不管是创业家的继任者还是职业经理人，企业家都会通过技术革新和大规模投资来实现事业领域变革，促进企业发展。这些企业家大多不满足于以往的事业状态，他们会从新的视角大幅扩充公司事业规模和范围。而企业要想长期发展，这种企业家是不可或缺的。

2. 花王首位职业经理人型总经理

以小艾尔弗雷德·D.钱德勒教授的研究为代表的众多经营史研究成果表明，家族企业在向大规模企业发展的长期过程中，会通过将创业者的家族企业转变为以职业经理人为中心来获得发展[3]。

在花王130年的历史中，丸田芳郎是第一位职业经理人型总经理。也许有人会有这样的疑惑，难道此前曾任花王油脂总经理的原旭电化总经理矶部愉一郎、花王统一为单公司后，任花王石碱总经理的原任经团连事务局长福岛正雄，还有伊藤英三等不是职业经理人吗？

实际上，矶部愉一郎的任务是带领花王油脂度过经营危机，使其走入正常轨道。福岛正雄是产业界派遣过来的总经理，是新花王石碱的监督，实际经营则委托给了伊藤英三和丸田芳郎。而伊藤英三不管是他的亲生父母长濑清次郎家，还是养父母伊藤家都和花王创业者初代富郎家是亲戚，伊藤英三还娶了初代富郎弟弟祐三郎的女儿，所以伊藤英三被认为是长濑家族的一员。

因此，可以说丸田芳郎是花王第一位真正意义上的，内部晋升的职业经理人型总经理。

3. 造就职业经理人的战略组织背景

创业者及其家族的家族企业，同以职业经理人为中心的经营者企业相比，各有利弊，其优劣不可一概而论。根据小艾尔弗雷德·D.钱德勒教授的研究，以及对其研究进行再探讨的森川英正教授的研究，美国经营史上职业经理人辈出的背景有两个要素，即纵向一体化制度和阶层化经营组织。这两个要素并不相互独立，而是具有关联性[4]。

纵向一体化企业自身拥有从原材料供应，到生产制造，再到流通的多项经营职能，花王也能体现出这一点。这就需要能够为各岗位分配适合的人才的组织设计，阶层化组织应运而生。尤其是职责分工明确的欧美企业，虽然实行命令一元性原则（译者注：即员工只执行直属上司的命令），也不得不转变为阶层化组织结构。

丸田芳郎实施了以研究开发为基础的产品多样化，销售公司战略以及确保海外原材料供应的战略，这些战略使花王发展成了纵向一体化企业。丸田芳郎成为常务董事的1956年11月，花王有约1100名员工，而到丸田芳郎成为总经理的1971年10月时，花王拥有约3600名员工，员工人数增长到了1956年11月时的三倍多[5]。当时日本企业一般按照资历决定职位和薪水，所以不得不设立一定的阶层性。笔者没有得到精确描述花王组织机构改革的信息，但是花王向多样化和纵向一体化发展之后，伴随着职能和事业据点的增加，出现了分权化。为了实施分权化，组织阶层化在一定程度上是必需的，虽然丸田芳郎可能并不喜欢阶层化组织。

从这两个要素分析造就丸田芳郎这一花王首位职业经理人的背景，可以发现其纵向一体化制度与一般规律是一致的，阶层化组织在一定程度上也与一般规律相符。因为丸田芳郎了解各个岗位的职能和各个产品的情况，而且很有说服力，所以纵向一体化制度在多样化战略的配合下，将丸田芳郎的实践扩大到了整个管理高层。

4. 丸田芳郎作为职业经理人的企业家素养

职业经理人需要的企业家素养

那么，为什么职业经理人更适合因纵向一体化的需要，而建立了阶层化组织的大企业呢？对于此问题，森川英正教授指出，阶层化经营组织不是单纯的沟通途径，而是由拥有经营技术和技术技巧的人员组成的广泛群体，随着市场的扩大和技术的飞速进步，企业间的竞争日益激烈，一个企业要想在激烈的竞争中胜出，要想获得经营发展，必须要动员这一广泛群体。为此，就必须要把具备独特资质的人才安排到企业高层管理中，这样企业向以职业经理人为中心的经营者企业过渡就成了必然。

关于企业家具备的独特资质，森川教授提出了三点，即对经营环境巨变的应变能力（先见力、情况判断力、对风险的果断决断力）、企业成长规划（理念、目标、技术合理可行的长期政策构想）和协调构成阶层化管理组织的管理人员和大量技术人员的能力（他人的信任、说服力、信息共享、共同的价值观）[6]。

可以说担任总经理后的丸田芳郎，基本上同时具备了以上三项能力。然而，这不是一朝一夕的事情，而是通过幼年少年时期在家庭和学校的经历和学习,以及在自然、文学、艺术和宗教的熏陶下逐渐获得的。经过长期的学习成长后具备了企业家素养的丸田芳郎,作为技术型经营者就任了总经理,之后又将这种资质提升到了近乎完美的新高度。

素养和其他资质

关于此处的素养,森川教授提出了"日本战后素养教育水平的低下,造成日本经营人员和企业人员的素质低下"的理论,在这一理论中森川教授这样阐述素养和生意的关系[7]:

素养与生意没有直接关系,没有素养也不会影响赚钱的数量。但是,素养能够丰富人的感性。在企业经营上,丰富的感性能够培养先见性、想象力、独创性和均衡能力等做企业决策不可或缺的能力。

素养不仅会丰富人的感性,也会丰富人的视角和知识。这些构成了活跃交流的两个基础。第一点,素养与想象力相关,能够使人将现象和道理形象化,提高用比喻说法或者浅显易懂的表达,解释晦涩难懂的事情的能力,可以说这是企业家在向员工阐明经营理念,说服谈判对象时非常重要的资质。第二点,素养能够使人有丰富的话题,包容交谈对方,具有人格魅力。例如,陷入僵局的谈判,马上就要离开谈判桌时,如果一方能够以一种巧妙的幽默指出双方的共识和对方的担心，将是拉近谈判双方距离的重要因素。

当然，丰富人的感性的也不只是素养。与自然的相处、长期的疗养和身体障碍、不合理现象的对策和对失败的反省以及对宗教的关心等，都会对感性的形成产生很大的影响。

森川教授对日本新制大学的素养教育水平低下，这一教育制度问题表示担心。确实，与战后新制高等教育机构相比，战前旧制高等教育机构从青年时代就丰富学生素养的课程更多。战前旧制教育中，学生在青年时期就开始接触素养，并在以后的日子里不断增加宽度和深度，从而形成丰富的素养。战后素养教育水平低下可能是因为学生在学校里丰富素养的机会减少了。然而，教育制度再好，如果一个人对自己素养的培养不重视，或者没有不断提升素养的自主性的话，学校提供宝贵的机会也只能是浪费，最终不会获得丰富的素养，甚至不会获得素养。

对于一个人素养的培养，不管在教育制度内还是外，与对其产生影响的人相遇都是非常重要的。对于丸田芳郎来说，与自然的相处、长期的疗养和疾病的折磨、对宗教的关心，这些教育制度之外的影响无疑是非常大的。然而，如果当事人自己不是有意识地在这些事情中培养自己的素养的话，这些事情也不会成为培养感性的机会。

关于感性或者情感，丸田芳郎这样说，本书第一部也引用过[8]：

> 我一直认为创造是从内心发出的，只有丰富的感性和理性结合才能有真正的创造，这种能力必须要在青年时期养成。所以，从这一点来说，我是幸运的。

董事长时代。1992年 77岁

重新回顾丸田芳郎的人生历程，便会发现他从少年时代到经营者时代，一直积极主动地对待各项事情。积极主动亲近大自然、学习"神"或"佛教"等宗教内容、培养绘画、音乐和文学等方面的素养，积极主动进行科学教育和研究，之后形成作用和反作用的良性循环，提升自身的感性。这与他人的影响是分不开的，身为教师的父母、学校的老师、深谙宗教教义者以及职场的前辈、后辈和业界人员，在这些人的影响下丸田芳郎培养了自己的感性思维，具备了经营者的必要条件。

明镜止水和一心不乱

丸田芳郎另外一点重要资质是永远坚持虚心坦怀的学习姿态,认为正确的事情就会全力以赴去做。

虚心坦怀的学习姿态是指心中没有任何邪念、以平静的态度对待事情。松下幸之助也曾经指出过"坦率平和的心"的重要性,在这一点上二人是相同的。虚心坦怀也是一种动中求静观,也就是在时刻变化的情况中,抓住事物的本质。比如,怀着明镜止水的心态以慧眼看待周围事物。松下幸之助也说过维持"坦率平和"是很难的,到了晚年"自己还只是最初阶段"[9]。对于多数人来讲,虚心坦怀是很难的吧。

然而明镜也无法照出所照物的背面,聪明人也会有疏漏。究其原因,如果能够进入此时此人的内心的话,往往是因为此时此人内心混入了小傲慢或者小炫耀等邪念。尤其是经营者内心产生的小傲慢或者小炫耀等邪念,会像血管毒素一样在联系着经营者与组织人员的血管内循环,引起组织的腐败。因此,不仅经营者,所有处于能够给人带来影响的立场的人,都要时刻注意内心不能混入任何邪念。正因为认识到了邪念的危险,丸田芳郎才始终严于律己,努力不做出错误判断,并且确立经营理念作为自己判断行事的依托。很多员工也要求人的绝对平等和重视创造性，丸田芳郎为了建立以"坦率平和"的心相互监督的人际关系，率先垂范每日一心不乱地为了提升自己和他人而努力。这凝聚成组织的力量，使花王实现了飞跃式的发展。

注释：

1 关于战后革新和投资等企业家行动的研究很多，暂时可参考 J·Hirschmeier、由井常彦（1977）《日本商业的发展》（东洋经济新报社）397—406页，由井常彦（2015）《讲解日本商业的发展和考验》（PHP研究所）175—178页。

2 参考前述《日本商业的发展》392—393页和佐佐木聪（2004）《日本企业家活动的主观条件和时机》组织学会编《组织科学》Vol38. No.1（白桃书房）37页进行的再分类

3 可参考小艾尔弗雷德·D.钱德勒（1977）《看得见的手：美国企业的管理革命》（哈佛大学出版社）（*The Visible Hand: The Managerial Revolution in American Business*）、小艾尔弗雷德·D.钱德勒著、岛羽钦一郎·小林袈裟治监译（1979）《管理者的时代——美国产业中近代企业的成立》上·下（东洋经济新报社）、小艾尔弗雷德·D.钱德勒《美国：管理资本主义的发源地》（*The United States: Seedbed of Managerial Capitalism*）出自《管理等级制：基于现代工业企业增长的比较研究》（*Managerial Hierarchies: Comparative Perspectives on the Rise of the Modern Industrial Enterprise*）（哈佛大学出版社）（1980）、森川英正（1996）《高层管理的经营史——经营者企业和家族企业》（有斐阁）。

4 同前。
5 此处数字根据花王公司史编纂室编（1993）《花王史100年·年表/资料（1890—1990年）》（花王公司）253页收录的《员工情况》、花王博物馆·资料室编（2012）《花王120年资料编（1890—2010）》（花王公司）276—277页收录的《员工人数变化》编写。
6 前述《高层管理的经营史——经营者企业和家族企业》54—56页。
7 前述《高层管理的经营史——经营者企业和家族企业》291页。
8 目黑工房（1972）《我走过的道路20人集》第一卷（现代信浓人物志刊行会）449页。
9 加护野忠男编著（2016）《日本企业家2 松下幸之助——不断阐述理念的战略式经营者》（PHP研究所）247页。

后 记

　　丸田芳郎的成长得益于可以享受智育、德育和体育的环境，而且丸田芳郎主动提高这三方面的能力，积累起了企业家素养。丸田芳郎以科学知识和人文教育作为自己企业家素养的基础，并且一刻也未放松这种企业家素养的基础积累直到确立以"尊重价值创造主体——人"为宗旨的经营理念。

　　丸田芳郎发挥企业家素养形成的革新成果有产品多样化、纵向一体化和全球化。丸田芳郎在企业家史上的类型是花王首位内部晋升的职业经理人总经理。多数成果不是靠丸田芳郎一人之力实现的，而是丸田芳郎自己以明镜止水的心态看待事物，率先垂范一心不乱地处理事务、收获人心实现的，也就是通过提升组织能力实现的。从丸田芳郎凭借自身领导才能使花王实现的成长幅度以及业务内容的扩充来看，可以说丸田芳郎是名副其实地使花王获得新生的二次创业者。

第三部　他人眼中的丸田芳郎

一心不乱・常住真实
公司、业界、家庭里的丸田芳郎

I 公司里的丸田芳郎

丸田芳郎影响了很多花王人。本书采访了其中两位，一位是丸田芳郎在桐生高等工业学校的后辈、后来成为花王副总经理的大泽好雄，另一位是负责合成洗涤剂开发并在丸田芳郎之后继任花王董事长的中川弘美。

1. 采访对象：大泽好雄

（2015年12月10日星期四于大泽好雄家中）

<大泽好雄简历>

大泽好雄1920年（大正九年）出生于日本群马县堤冈村。从群马县旧制高崎中学毕业后，大泽好雄进入了朝鲜氮肥，去了鸭绿江，其父亲在此公司也有投资。1940年（昭和十五年）好学的大泽好雄进入了桐生高等工业学校机械专业继续学习，1942年9月提前毕业。大泽好雄是丸田芳郎在桐生高等工业学校的后辈，比丸田芳郎小6岁。从桐生高等工业学校毕业后，大泽好雄在学校老师的推荐下进入了石川岛轮机，但是只工作了约10天后就应征进入了陆军通信部队。1944年，大泽好雄任陆军少尉，赴菲律宾战争前线。1946年，大泽好雄复员回国。

1947年8月进入当时的大日本油脂，1954年转入花王公司和歌山工厂，1955年转入东京工厂。这期间，大泽好雄负责设备生产等生产技术的工作。丸田芳郎任总经理后的第二年即1972年，大泽好雄任董事兼包装技术部部长。1980年任代表董事兼副总经理，4年后的1984年大泽好雄任公司监理人，1986年大泽好雄退休。2001年（平成十三年）大泽好雄任花王会名誉顾问。

进入花王的经过和最初的工作

我复员后就回老家做农活了。那时我们家是一个小地主式的家庭，我有一个弟弟，比我小4岁，我想弟弟留在家里更好一些，所以我想从家里出来。我得到了很多人的支持。桐生高等工业学校机械专业的同届同学青山安行邀请我去东京，那时青山安行已经在花王工作了。比我大一届的应用化学专业前辈篠崎一郎也邀请我一起打拼。我进入花王时，青山安行提前向工会和铃木厂长说明了情况，所以我没有经过考试就进入了公司。我当时在东京工厂，负责管理从工厂旁边卸下的原材料椰子干。之后不久，公司就能够生产肥皂了，但是因为战前的东西全部被烧毁，没有锻模机器。那时我的部下、桐生高等工业学校的后辈细谷稔把烧毁的机器修好之后，将其分给了和歌山等工厂。细谷稔负责增产、优化等相关工作。之后的热门商品"飞逸香波"的自动包装机也是细谷稔设计的。在后来的海外生产方面，细谷稔的贡献也非常大。

与丸田芳郎的结识

丸田芳郎赴美之前的 1950 年（昭和二十五年），当时在和歌山工厂工作的他，第一次到我工作的东京工厂。当时，和歌山工厂用椰子干榨油时榨油机运转出了问题。丸田芳郎拿出了一张好像是榨油机理论的图向我们解释问题所在，我们马上就理解了。之后，丸田芳郎又小声问："你们东京工厂生产肥皂采用的是瞬时干燥技术吧？"我说："是的，东京工厂从肥皂胚子里脱去 2%~3% 的水分就是采用的此项技术。"这时我才知道有丸田芳郎这样一位前辈。那时日本有机已经更名为花王石碱，他是花王石碱的专务董事。当时，东京工厂（花王油脂）与和歌山工厂（花王石碱）生产相同的产品，互相占领市场，关系并不好，尽管如此丸田芳郎还是到访了我们东京工厂。

1954年花王油脂和花王石碱刚合并，丸田芳郎就邀请我有机会一定去和歌山工厂。丸田芳郎前辈还一直记着我。

昭和三十五年（1960年）5月技术开发部成立，我任设计开发科科长，第一次成为丸田芳郎的部下，这时我已经转到了和歌山工厂。之后，花王开始了川崎工厂等的建设。昭和三十四年（1959年），因"飞逸香波"等的发售，花王经营好转，丸田芳郎让我到欧美进行了两个半月的访问。丸田芳郎对我说："美国对清洁剂的需求很大，希望你能学习他们清洁剂的生产设备，此外还要学习他们的物流系统。"之后建设的川崎工厂在相当程度上都是参考的宝洁辛辛那提工厂。不久后，宝洁的工作人员到日本，他们看到川崎工厂后说："你们已经不是宝洁的客户了，而是我们的竞争对手。"在模仿的基础上弥补了不足，才有了这样的成就吧。考察中，我把所有考察地的图纸和一些报告寄给了丸田芳郎，从这时起我已经是丸田芳郎实际意义上的部下了。

丸田芳郎的性格

丸田芳郎是一个崇敬皇室、尊敬前辈和老师的人。他十分尊敬花山信胜博士，在花山信胜老师的影响下，丸田芳郎熟读圣德太子的《十七条宪法》和佛教著作，深有感悟。

丸田芳郎还是一个亲切、体贴他人的人。我去欧美访问时，他为我送行并叮嘱我："到美国后先去百货店买牙膏、手帕这些日后生活的必需品。这样，确认通晓英语之后也就有自信了。"丸田芳郎还嘱咐我："到圣弗朗西斯科之后，先订最好的酒店，到最好的酒店后会很震惊。这样之后再去普通的酒店，就会比较放松。"丸田芳郎看到我别在西装胸前口袋的钢笔后说："在外国钢笔是别在西装内侧口袋里的。"并亲自帮我把笔重新别在了内侧口袋里。丸田芳郎就是这样一个细心的人。丸田芳郎得知宝洁的怀特医生想要日本的土特产后，准备了一小箱的土特产，用丝带装饰还附上了一封信。丸田芳郎说："既然翻译工作委托给了三井物产，土特产也就委托给他们吧。"我出国前的两个月，丸田芳郎还帮我请了英语老师。丸田芳郎心很细，而我们很难做到这一点。

经营者丸田芳郎

丸田芳郎认为人有无限的智慧和能力。如果有人不尊重他人的人格，他也会非常生气。丸田芳郎非常信任他人，这一点一般人很难做到。经营者必须信任他人，丸田芳郎非常信任我们，对我们寄予了很高的期待，对我也是一样，丸田芳郎总是希望我能够做得更好。他对员工的信任也激发了大家的热情。

例如他当时提出的垂直整合（vertical integration），即从原材料开始，重视研究，全过程一贯式统一管理，生产出优质的产品。当时我担心公司不集中在擅长的领域会造成投资过剩，但是丸田芳郎相信员工的能力，这使大家鼓足了干劲。当时设备投资很大，但是投资可以折旧，新技术也在不断开发，再加上全体员工干劲十足，即使是短期内看不到收益，垂直整合也得到了持续性推进。丸田芳郎还提议在更大范围内，从长期来考虑有形投资和无形投资的含义，此建议得到了我们的极力赞同，全体员工对此都感到非常兴奋。丸田芳郎常说："技术空白一定要填补上。"丸田芳郎的规划大部分都实现了，他以自己独特的投资方式成为一位有名的经营者。

丸田芳郎还推行了小团体活动。小团体活动也是一项非常好的制度，是一项能够汇集全体员工智慧的制度。在这种制度下，工厂等得到了优化，公司获得了发展。

丸田芳郎还清除过反社会势力，这应该是昭和四十九年（1974年）的事。这一年股东大会在东京都中央区礼堂召开，右翼团体暴力破坏会议。面对这一情况，丸田芳郎临危不惧，立刻站起来制止右翼团体的行动。丸田芳郎说，"即使我单枪匹马反抗也没有关系，无论如何要清除掉右翼势力。"然后丸田芳郎请警视厅的警察伺机接近清除右翼团体。因为右翼团体的暴力活动，礼堂窗户的玻璃都碎了，丸田芳郎想办法不让窗户倒塌，保证了股东大会的进行。

丸田芳郎一直杜绝一切投机行为。因此，花王没有受到经济泡沫破裂的影响，而这一原则一直持续到了今天。

2. 采访对象：中川弘美

（2016年3月24日星期四于东京都中央区日本桥茅场町花王公司总部）

<中川弘美简历>

中川弘美1928年（昭和三年）6月出生于日本和歌山县那贺郡池田村（今纪之川市），毕业于大阪府立化学工业专门学校（今大阪府立大学）。1948年3月进入日本有机公司（参考本书第一部花王沿革图），从事战后合成洗涤剂的开发工作。丸田芳郎就任总经理的五年后即1976年7月就任和歌山研究所所长，1978年6月任董事，1982年6月任常务董事。1984年7月任研究开发总部部长，1988年6月任专务董事。丸田芳郎就任董事长的1990年（平成二年）6月就任代表董事兼副总经理，丸田芳郎退任董事长的1994年6月就任下一任董事长。1996年6月退任董事长后，就任特别顾问。

进入公司时的面试官是丸田芳郎

我是1948年（昭和二十三年）20岁时进入花王的。那个时代还叫日本有机，日本有机拥有酒田与和歌山工厂，我进入公司时的面试官是丸田芳郎。这是我和丸田芳郎的第一次见面。面试结束后，我进入了和歌山工厂。和歌山工厂在战时是航空润滑油的军需工厂，战后工厂需要重建，我被任命为工厂重建的第一期20位干部候选人之一。

战败后到处都是一片狼藉。日本各地工厂都停工了，大学毕业生就业困难，根本没有公开招聘。但是，就业难的时期花王在招人。丸田芳郎交际很广，与大学老师和技术军官等都有交流。丸田芳郎也认识我毕业的大阪府立化学工业专门学校的老师，并委托老师推荐学生。在老师的推荐下我进入了公司。和我同时进入公司的还有两名东京大学毕业生、两名京都大学毕业生、两名北海道大学的毕业生和一名台湾大学的毕业生，都非常厉害。

我记得面试时丸田芳郎问了我比较难的问题，当时都答上来了，但现在记不清具体问题了。我想学习设备工程，所以大学选择了化学机械专业。设备工程学是以石油为中心的一门学科，当时美国已经有了这门学科，但是当时的日本在这一领域的研究几乎为零。我是我们学校这个专业的第二届学生，花王没有这一领域的前辈，公司里也没有人知道这门学科是做什么的。

说起来当时还有一个笑话，丸田芳郎向第一次见面的客户这样介绍我，"这是化学和机械双领域的优秀人才"。虽然丸田芳郎确实是误解了，但是被误解了也有幸运的一面。丸田芳郎对我说："我们目前有很多问题，你可以自由发挥才能，做什么都可以，要的就是解决这些问题"。丸田芳郎是我的直属上司，"自己找自己的事情做"是丸田芳郎创造的企业文化。对此，最初可能会感到有些困难，但后来就会充满感激。

合成洗涤剂的开发

当时新来的研究人员在和歌山的工作主要有两个。一个是洗涤剂的开发，另一个是青霉素的开发。丸田芳郎赴美出差时在夏威夷看到了宝洁公司的"汰渍"，洗涤剂的开发就是从此开始的。

先说一说青霉素。战后美国盟军进驻了现在的花王和歌山工厂，而青霉素开发这一课题最初就是从花王和歌山工厂开始的。据说那时花王员工被强制要求搬运货物，丸田芳郎和佐野恒（花王产业科学研究所首任所长）也在其中，在这个过程中，丸田芳郎和佐野恒与美方医生关系越来越好，他们从美方医生那里看到了青霉素制造方法的资料。丸田芳郎对此非常感兴趣，想着无论如何也要留一份资料，于是丸田芳郎和药学博士佐野恒一起用了一个晚上的时间拍下了这些资料，总算是复制了一份。

青霉素生产是当时最前沿的技术，来自台湾大学的员工被分配到了这一项目组里。出色的研究在推进，当时日本实现了在玻璃容器内生产青霉素，在大学的协助下，花王又实现了产青霉素微生物的罐培养。

遗憾的是青霉素生产设备因为火灾被全部烧毁，这一项目也不得不随之解体，负责这一项目的研究人员也就都转向了其他项目。比如服部健一就转向了开启建筑材料事业的关键功能材料"maitei"的开发。

青霉素的生产就这样终止了，不得不说是运气不佳，当时我负责的是洗涤剂的开发，并没有经历这一灾难。丸田芳郎当时是和歌山工厂的厂长，他把洗涤剂和青霉素的开发作为未来的主干技术发展。这两项课题当时都做得非常好。战后卫生环境恶劣，这两项技术能够满足时代的需求，而且强化了花王的技术，决定了公司的命运，我想丸田芳郎的着眼点是正确的。

战后洗涤剂开发则是战前已有的丝绸和羊毛用高级醇类洗

涤剂"Excelin"的延伸。一篇关于"支撑战后经济的商品：Wonderful（洗涤剂）、Magic Ink[1]、电饭锅、SUBARU360[2]、TORYS威士忌[3]"之一的"Wonderful"（原名花王洗衣粉）的报道中刊登了一张我的照片，因此人们都说，"Wonderful是中川先生发明的"，但是一款产品肯定不是我自己一个人研发的，而是多人协作的结果。

丸田芳郎的构想和基础科学的扩展

花王从创业以来一直致力于肥皂生产，生产肥皂的原料是油脂，因此花王对油脂科学深有研究。肥皂作为一种表面活性剂，对肥皂的深入研究构成了花王界面科学的研究基础。花王经常开拓新的科学领域，比如花王从20世纪70年代开始了高分子科学等领域的研究，并与此相结合开拓了新事业领域。丸田芳郎是一位优秀的研究者，他认为"不同事物结合在一起会收到令人意外的收获"，也就是"异质的融合"。

高分子科学方面的具体成果就是纸尿裤的生产。花王生产的纸尿裤使用了强吸水性的高分子材料，使纸尿裤的性能有了

---

1 Magic Ink：日本油性记号笔的代表性品牌。
2 SUBARU360：1958年，日本富士重工推出的一款广受欢迎的车型。
3 TORYS威士忌：日本三得利（Suntory）公司的一款洋酒。

划时代的提高。在纸尿裤领域,宝洁曾占到世界份额的70%,而且宝洁慢慢进军了日本。然而,丸田芳郎面对这些都有直面挑战的气魄。

工作与人才的"异质融合"

丸田芳郎担任总经理并兼任研究开发总部长的时期,广泛吸收异质人才,并让其担任非本专业的"异质的工作"。我也是这样的,我本来是在和歌山工厂工作,我的工作常态本来是戴着头盔穿着安全鞋,结果有一天丸田芳郎让我当研究所所长。我不是学化学出身,也从来没有做过研究。对于我这样一个门外汉,丸田芳郎却执意让我当研究所的所长,所以我担任了两三年的研究所所长。

听说东洋人造纤维公司的总经理等人,得知丸田芳郎让我任研究所所长后都说,"丸田芳郎想法怎么这么奇怪",花王公司内部也出现了不小的波动。任命书下来后,我这样一个工厂系统的人就去了产业科学研究所,那里是当时花王基础研究的根据地。我刚到任,一位首席研究员就问我:"您本来在工厂系统工作,为什么会接受研究所所长的任命呢?"我说:"我可能成为不了您所期望的研究所所长,但是作为一份工作,我想我还是能够做好的。作为研究所的所长,我将会努力使大家的工作更加便捷。"说完后这位研究员马上就理解了，说："那日后我们一起努力。"

最初和大家见面时，我像平时一样戴着头盔去了研究所，研究所的很多员工都不知道我，甚至还有人把我误认成了工地上的建筑工人。

对于我此次的人事调动，外面甚至有人说："丸田芳郎这次又做了一件奇怪的事情。昨天还在工厂工作的人，第二天丸田芳郎就把他任命成了研究所的所长。花王的未来堪忧啊。"作为外行我面临着许多挑战，但是我一直都以认真的态度直面这些挑战。丸田芳郎这样的做法，我并不是个例。"二战"后，丸田芳郎把花王研究所第一代所长技术人员佐野恒任命为了营业部部长，后来又让佐野恒担任了财务担当专务。但是，不管在什么职位上，佐野恒都认真地履行了责任，完成了本职工作。

在某一领域建立新的组织时，采用外行人的一个好处就是"外行人没有本领域专业人员的思维定式"。人事部的改革也是这样的。

开展海外事业时，技术作为保证产品优良品质的主要因素，是最先起作用的。当时，事业上筹措资金也需要能够解说公司技术的人才，所以这就需要培养国际通用的技术人才。在这种情况下，技术型的人事部部长更受欢迎，而非文科人才，财务部部长也是这样的。"二战"刚结束时人事部部长主要任务是处理劳资纠纷（罢工等），但是当时丸田芳郎做出了这样的判断，"如今人事的责任是培养精通海外事务的人才"。简言之，就是从此前"管理人的人事部"变为"培养人的人事部"。而在这种"推动巨大变革"和"改革"的时期，采用"没有先入为主观念的外行人"是更好的。

R&D 会议

丸田芳郎非常擅长听取众人意见，他经常说："这样做，怎么样？"这样，丸田芳郎建立起了花王特有的"R&D 会议"。"R&D 会议"让人感觉到不只是一个会议，而是一个"会集众多不同的人，不同领域的人，一起商议他人未做到的事情我们能否做到"的会议。这里聚集了经理、人事、财务、宣传、市场等领域的众多人员，不管懂不懂专业技术，都可以自由发言，共同商议。我想周围的人对此肯定不乏疑惑，但是大家都说"既然是丸田芳郎提议的，那就试一试"。丸田芳郎的人品是一笔巨大的财富，对于公司的发展也起到了很大的帮助。

当时我曾经代替繁忙的丸田芳郎在外演讲，介绍 R&D 会议。经常听到"虽然也曾尝试丸田芳郎的这种做法，但是没能坚持下去"这样的话。正是因为丸田芳郎熟悉技术、销售等各方面的工作才能使得R&D会议顺利进行吧。我想只有丸田芳郎这样的人才能够做到这样，而其他公司的高层很难做到吧。

大厅集中讨论和圆桌交流——智慧的集合

美国IT行业等风险企业也会想办法集中集体智慧。但是，我认为他们的做法与丸田芳郎的"智慧的集合"是不同的。花王拥有界面化学及高分子科学、有机化学、生物科学等众多领域的专家，还有数学方面的专家等。丸田芳郎认为如果没有竞争，效率就会低下，所以丸田芳郎让这些不同领域的人才共同工作，互相竞争，共同讨论从而创造新的智慧，这是丸田芳郎集合智慧的做法。美国的经营学书籍认为，互相竞争会导致人们在工作中过于焦躁，深受这一理论影响的人是不会想到丸田芳郎这种做法的。大厅集中讨论也是如此，大家每天见面，人与人之间会慢慢熟悉，所以不懂的问题就可以毫无顾虑地问其他领域的专家，可以互相商量讨论。

丸田芳郎在国外也宣传过这种大厅集中讨论的方式，英国 -C- 公司的研究所所长听到丸田芳郎的宣传后到了我工作的和歌山工厂。我负责向其介绍大厅集中讨论的做法，然而我非常不擅长这种事，最后也没能让对方理解。但是，对方跟我说"回去之后就试"，然而后来我们就没有任何联系了，也不知道英国公司做得怎么样了。

这种大厅集中讨论的研究体制带来了诸多成果,其中很多在世界上广泛使用。我任研究所的所长时,负责了很长时间的研究开发工作,这段时间总计开发出了约 1000 件新的化学用品和家庭用品。

研究人员经常担心"我的研究真的能做到最后吗?真的能有利于公司事业发展吗?"这是研究人员固有的担忧。丸田芳郎自己也是研究人员出身,所以他非常清楚研究人员的这种担心。我想 R&D 会议和大厅集中讨论这种运营方式也是为了帮助研究人员排解这种不安。新事业和新品牌的启动以及商品开发等重大决策,虽然在 R&D 会议和大厅集中讨论上确立,最终依然要在常务会上确立,但是"这种会议和讨论可以让大家提前做好准备",包括财务和人事在内的全体公司人员就可以在做好充分准备的基础上确立目标。这样,最终决策时就不只是负责人了解待议事项,大家都了解此事项,都可以提出自己的建议。

我负责研究部门时,一次 R&D 会议之后财务部部长伊藤对我说"这次依然停留在上次的水平,看来没有什么进展啊"。R&D 会议几个月召开一次,但是研究需要时间,在这种频率的会议上不会每次都有新想法的。文科出身的财务部部长对此也表示理解，但是对我们也报以很大的期待。研究的成功率只有5%，另外的95%都在中途告吹了。然而我想丸田芳郎希望的是"研究人员能够放下种种担心，安心地专注于工作"。

丸田芳郎喜欢很多人围坐在一起。年轻人围坐在丸田芳郎旁边，大家一起说话，丸田芳郎做好饭后大家一起吃。我的任务是买壹岐鲍鱼和最适合日式火锅的肉。我抱怨道："哎呀，好贵"，但是丸田芳郎对我说："傻瓜，（时薪很高的）我来做饭可能确实比一流酒店厨师长做要贵，但是如果考虑到（培养年轻人的'和'之精神和激励年轻人的）效果，这顿饭一点儿都不贵。"围坐在一起和丸田芳郎说话，就像在和自己的父亲交流一样。销售公司也好，其他地方也好，不管在哪里丸田芳郎都非常喜欢和大家围坐在一起。用一句话来说就是，丸田芳郎是一个用行动贯彻"人的绝对平等"的人。

就任总经理

对于在伊藤之后就任总经理一事，丸田芳郎自己的评价是"突然就担任了总经理"。但是，我认为丸田芳郎此前应该就有"在伊藤总经理之后接任总经理"的打算。伊藤英三身体还好的时候两人经常吵架，毫无上下级关系。丸田芳郎对伊藤总经理经常是"喂、喂"这样的口气，争论到激烈之处丸田芳郎还会撩自己的衬衫，而另一方的伊藤英三也毫不示弱。但是，其他人再怎么反对，伊藤英三也会耐心地听完丸田芳郎的意见。我们经常看到二人的这种状态。当时任专务董事的沼田明等人也说："下一任总经理 99.9%（过去在肥皂广告中使用的纯度数字）是丸田芳郎。"对于丸田芳郎就任总经理，公司里没有任何争议。

对产品质量和本职工作的追求

丸田芳郎是一个不懈追求商品质量的人。洗涤剂"Wonderful"曾经占到了日本国内 70% 的市场份额，赚了很多钱，但质量稍逊于美国市场的"汰渍"。对此，丸田芳郎说："一定要把质量追上来！"丸田芳郎发挥自己与生俱来的领导才能，引进美国技术，生产出了新的"Zab"（1960 年 3 月）。从此，花王的洗涤剂事业又上了一个台阶，并且为日后的生物洗涤剂"洁霸"的生产奠定了基础。

泡沫经济破裂前后，美国对日本造成了巨大打击，但是花王没有受其影响，安全渡过了这一时期，原因就是有抵制投机行为的丸田芳郎，如果没有他，花王可能也会受到影响。但是重新看各时期的销售额与利润就会发现，1991 年泡沫经济破裂之后虽然销售额的上升速度减慢了，经常利润却不断增加。

也就是说，虽然市场小了但利润率高了。而其他多数公司的利润是减半的。

泡沫经济破裂后，丸田芳郎经常被邀请到各地演讲介绍"为什么只有花王能够在泡沫中独存？"我也经常被邀请。每当这时，我总是开玩笑地回答："因为没有投机的本事。"

对业界的贡献

泡沫之前，汽车和电气机械工业的附加价值比较高，而化学工业的附加值比较低。丸田芳郎作为日本化学工业协会的会长，也在努力发展化学行业，改变行业的工作方式。当时的化学企业只做承包，按照对方的要求生产产品，而没有自主创新。比如工厂只生产聚乙烯超市购物袋就很难有利润。

丸田芳郎创建了新化学发展协会，掀起了彻底改变工作方式的运动，推动化学行业从需求研究改变为提案型和需求创造型。比如通过研究汽车产业和电气公司的需求确定公司的生产内容，也就是从承包型到提案型的转变，通过这种做法改变整个化学业界的状况。为了达到这一目的，丸田芳郎还通过新化学发展协会推动各公司强化应用研究开发和基础研究开发。

通过10年的努力，一直赤字的化学业界的附加价值超过了电气机械工业，在所有行业中位居第二。当时还有"化学拯救了产业"的报道。比如，汽车行业中聚氨酯材料可以提高汽车的安全性和轻量化。

在通产省（当时的名称）的帮助下还成立了多家公司间的研究组。

其中有三项研究是我开创的，第一项是在石油危机时期。那时一桶石油由 2 美元一下子涨到了 20 美元。化学行业能源消耗巨大，于是日本整个化学业界开始了包括节约能源在内的众多关于能源的研究，这些研究聚集了众多企业。丸田芳郎是日本化学工业协会的会长，我是这个协会的技术委员长。丸田芳郎号召"各公司不要保守秘密，公开相关技术，促进行业共同发展！"。于是，我们也能了解到其他公司的技术，各公司互相交流学习，改良生产工艺，实现了全行业节能 30% 的目标。

那时的成果之一就是提高了油井的出油量。当时石油开采只能采集从油井中自然涌出的部分，这些只占到了油井埋藏量的一半。而我们通过使用水和表面活性剂大大提高了油井出油量，这为相关产业做出了重大贡献。

第二项是生物技术。在京都大学福井三郎教授等人的帮助下，大家开始了生物技术的研究，为后来花王"洁霸"的碱性纤维素酶（生物技术）奠定了基础。

第三项是生物机能的研究。"肝脏是人体的化学工厂，以高效率不断进行着各种物质的合成。而人工合成需要高额的成本，效率也不如生物合成高。如果能够掌握生物合成技术不就是一项新产业吗？"于是，来自三井、三菱、昭电、东曹、住友、三菱和化学生命科学研究所的人员，组成了生物合成化学品研究组。化学行业之外的日立制作所的中央研究所也参与了策划，还归入了通产省的管理。

遗憾的是，因中途泡沫经济破裂，通产省撤销了资金支持，生物机能研究大多中断了。但是光合作用研究等还在继续，石油的生物合成与当今世界正在进行的"能够生产油脂的藻类"等的相关开发，花王也一直在进行。这些项目都开拓了公司未来的道路。

II 业界里的丸田芳郎

在花王之外,丸田芳郎还和各制造商、各相关公司、业界团体和业界报纸的人员有广泛的交流。这里,本书采访了销售业界和业界报纸的有关人员。

1. 采访对象:丸山源一

(2015年5月22日星期五、2015年7月10日星期五于东京都港区青山中央物产公司总部)

<丸山源一简历>

可以说中央物产的丸山源一是销售业界和丸田芳郎交流最密切的人。丸山源一1924年(大正十三年)10月出生于东京府东京市京桥区(今中央区京桥)。父亲丸山松治1920年创办了肥皂批发商"上州屋"(今中央物产)。1948年(昭和二十三年)丸山源一从东京大学经济学部毕业后进入了商社野崎产业。

1951年至1958年进入了该公司纽约分店。1961年丸山源一进入了上州屋创立的专业批发百货店中央石碱公司，与宝洁签订了进口销售总代理合同。之后，又与美国不少公司签订了进口代理合同，使业界刮起了一阵新风。1967年中央石碱吞并了上州屋，1970年中央石碱改称中央物产，1986年丸山源一就任中央物产总经理。1998年丸山源一成为该公司董事长，2004年丸山源一成为该公司名誉董事长[1]。

与丸田芳郎的结识

1954年、1955年那阵，我在野崎产业纽约分店工作，丸田芳郎到了纽约。父亲来信让我帮他好好招待丸田芳郎。父亲非常看重和花王之间的缘分，战后花王金融危机期间父亲宽限了花王3000万日元，那时父亲甚至说："花王是一个非常优秀的公司，与花王同生死共命运，即便与花王一起倒闭了也没有关系。"

丸田芳郎来纽约后，想去位于波士顿的哈佛大学，于是我开车带他去了波士顿。丸田芳郎比我大10岁，他给我的第一印象是踏实稳重。但是最终我们并没有到学校里面，可能是丸田芳郎更想体验一下波士顿的氛围吧。除此之外，我们认识时就没有什么特别的事情了。

开始工作上的交流

1961年（昭和三十六年）我回日本时，丸田芳郎是花王的常务董事，总经理是伊藤英三，中央石碱经营花王的百货批发店。丸田芳郎是一个非常有诚意的人，中元、岁暮都会来看我，请我吃饭。当时中元、岁暮时百货店的商品包装在批发店就会全部换成熨斗纸（译者注：日本印有礼签或纸绳的包装纸），并且系上细绳。母体上州屋除了经营花王产品外，还经营狮王、牛奶香皂和三环等产品，一天卖出好几卡车的货。丸田芳郎看到这种情景后说："这样利润不多啊，可以改进一下。"自此之后，丸田芳郎用了两三年时间形成了这样一个想法，"花王在月岛借用专属仓库，仓库方只需要提供人员"。丸田芳郎与我们进行了实际改革。虽然花王产品不在我们的仓库存放了，但花王从未给我们断过货。花王专属仓库最终变成了一体化的百货店经营仓库，并且时常召开会议总结反思，丸田芳郎也经常过来和我们一起解决问题。我们非常感谢丸田芳郎。后来再回过头去想一想，当初这种做法可以说是销售公司构想的萌芽。但无论怎么说，丸田芳郎深入生产一线，和我们一起解决问题，在这一过程中我们成了生意上的至交。

现金交易的引入

我从丸田芳郎那里学到了很多东西。1961年（昭和三十六年）到1962年，丸田芳郎引进了现金交易制度。后来我听说丸田芳郎引入这一制度是源于一个疑问："香烟店在回收现金，零售店销售洗涤剂也在从顾客那里回收现金。那为什么非要用票据交易呢？"丸田芳郎是技术人员出身，开始他也不明白这一问题，但看到现金流动后，丸田芳郎意识到，"票据交易是不行的，从现在开始要改为现金交易"。于是把结算时间在60天到90天的票据交易改为了现金交易，并且到货后10天内，以现金结算的给予2%的优惠。这与宝洁的做法很像，但在日本却是革命性的。长期进行票据交易，批发商就会倒闭，这会造成很大的影响。从野崎产业来我们公司的财务部部长，也非常赞同丸田芳郎的这种做法，马上就采用了现金交易。

我认为丸田芳郎引进现金交易拯救了整个业界。如果一直采用此前惯用的票据交易，业界就会信用膨胀，是很危险的。引入现金交易后，不止制造商，整个业界都取得了发展。这是一项非常大的功绩。

花王销售公司

花王的销售公司与林周二的《流通革命》等没有关系，是丸田芳郎在实践中形成的优化政策。分析倒闭的批发商就会发现，这些批发商长期向零售店出借现金，之后采用现金交易后就倒闭了。批发商的现金转至了超市，自己却倒闭了。超市逐渐兴起，与批发商竞争，动摇了经营花王等畅销产品的批发商。中央物产为了支持销售公司政策，只保留了百货店，其余全部撤销，虽然对于花王来讲这可能作用甚微。宝洁在缅因州（较远的地方）也不是自己直接经营，而是在超级市场租赁货架，除了不合算的情况外，有盈利时都是自己经营。

中央物产也被称为花王代购（Post Kao，PK），如果与花王的交易停止，中央物产的经营要怎么办。丸田芳郎仔细分析了这一问题，并且把分析结果给了我。之后，我被邀请参加花王的年会。花王在批发店的协助下在各地创建了销售公司，推进了销售公司制度，后来各地销售公司又进行了统一。

宝洁与丸田芳郎

如果没有丸田芳郎，我想日本市场会被宝洁和联合利华搞得乱七八糟。因为销售公司也采用现金交易，所以宝洁和联合利华无法干涉日本市场。但是如果没有这一制度，日本也会像其他国家一样受到宝洁和联合利华的影响。

那时中央物产经营宝洁的代理店，所以我非常了解花王和宝洁。宝洁的Jean·Gilson是一个非常和善的人,那时在瑞士日内瓦。当时,Jean·Gilson从宝洁辞职了,他对我说:"丸山,我想去花王,你能帮我推荐吗?"于是我把伊藤英三(时任总经理)和丸田芳郎邀请到了东京会馆,和他们商量说有这样一个人想来花王。伊藤英三和丸田芳郎非常欢迎Jean·Gilson的加入,邀请他做花王的顾问。Jean·Gilson曾经作为经营顾问在花王待过两年,他认为花王是一个很有发展空间的公司。这样一来既让我与丸田芳郎更加亲近,花王又能够以国外的优秀公司宝洁为师,向其学习,两全其美。

宝洁在日本市场销售,丸田芳郎虽然担心,仍然勇敢地接受了挑战。宝洁也付出了十来年的努力,正是一直以来的努力才让宝洁有了这些成果。丸田芳郎经常说宝洁是非常优秀的企业。为了尽量保持卡玫尔(Camay)的气味(译者注:卡玫尔是宝洁公司推出的一款化妆皂),宝洁会考虑是使用西伯利亚的铁路还是船舶,选择最适合的运输方式。阪神大地震时宝洁最先为灾区带去了心理治疗医生。这些丸田芳郎也都提过。因机器故障帮宝适产出了次品,宝洁把一年之内的帮宝适产品全部扔掉。宝洁是一个非常重视消费者的企业,而公司要想取得发展必须具备这一点。

面对洗涤剂恐慌时期私藏货物的报道

大概是1974年（昭和四十九年）1月，NHK发出了一篇我们三鹰仓库私藏商品的报道。三鹰仓库的商品一般不供应零售店，而是送往超市和百货店。一般是商品刚送进来转手就会送出去。我们经营的主要商品laiponF（狮王当时的畅销品，中央物产不是花王产品的专门销售公司，所以也经营花王以外的产品——笔者注）是餐具清洁剂，不是当时紧张的粉状洗涤剂。

第二天早上六点NHK就播放了这则报道。我去找丸田芳郎才知道NHK找丸田芳郎采访时，他说的是"如果确实如此，花王将立刻停止向其供货"，然而NHK只报道了"停止向其供货"这一部分，省略了前提条件。或许丸田芳郎也认为NHK的做法太过分了，那天晚上丸田芳郎和我一起去了通产省。因这篇报道花王也被视为恶德制造商，丸田芳郎被叫到了东京，但他毫不畏惧、正义凛然。

但是最终通产省给出的答复也只是"中央物产不黑不白"。我坐出租时，经常听到别人说"恶德商社""卖国贼"之类的话，还有"洗涤剂虽然不是面粉、石油，却也该明码标价"的议论。三鹰仓库非常漂亮，仓库前面有一座公寓，那里很适合拍照，我想报道应该就是在那里拍的。每年一月初举办年会时，丸田芳郎都会说，"我从来不做坏事"，一直都是这样。在这一事件之后，我和丸田芳郎便结下了深刻的信任关系。

热爱工作不好修饰

和丸田芳郎熟悉后，丸田芳郎邀请我加入了花王的社友会（花王代理店会议）。有一次我和丸田芳郎去和歌山白滨温泉乘渔船钓鱼。丸田芳郎穿着蓝色工作服在前面，我在后面。渔船上的人把我认成了总经理，向我招手说："总经理，这边这边！"丸田芳郎穿着蓝色工作服就像村学究。

丸田芳郎不好修饰，一心专注于自己的产品。他在日式饭馆吃饭时总是会把袜子脱掉，从来不开玩笑，只谈工作。永远都像个书生。新桥的艺伎带来日式火锅的肉，丸田芳郎也用食用油"Econa"烹饪。丸田芳郎就是这样痴迷于自己的产品。虽然可能旁人会觉得这种做法有些无聊。

丸田芳郎也会去银座七丁目那里，听一手拿啤酒瓶的艺人唱《干枯的芒草》，或者去浅草的茶馆喝茶。但即使在这些地方，他也只谈工作，从来没有轻浮的话。丸田芳郎会像书生一样在艺伎面前脱袜子。他花了很多钱，但是给自己花的几乎没有。

丸田芳郎一过晚上九点就去打麻将，剩下的酒我就替他喝掉。那时吃了太多的干鱼子下酒，所以我借了伊豆三养庄的房子住，让花王的厂医在顺天堂大学伊豆分院给我进行短期入院综合体检。体检发现血糖偏高。后来，不知道丸田芳郎怎么知道了这个结果，他经常问我："源一，怎么样？"

于和歌山。1987年 72岁

丸田芳郎在东京站乘新干线时从来不带秘书，而是摘下眼镜一个人步行。而且丸田芳郎从来不靠窗坐，费多大劲也一定要让我坐在窗边，他说："因为你是客人。"下车时即便有花王的销售公司，丸田芳郎也从来不麻烦他们，而是自己打车走。丸田芳郎的修养真的很了不起。

对员工的关心和经营理念

丸田芳郎去九州工厂视察过很多次。他要求日本人必须能够在员工食堂吃到好吃的咸菜。后来，花王的后藤总经理去龟户，发现这里的咸菜很好吃，说："这也是丸田芳郎以来的传统吧。"

好像是宇都宫吧，那里有员工宿舍。那儿的每间单人房都有优秀的画作装饰。丸田芳郎说："必须让员工能够欣赏到优秀的画作。"我想这也是丸田芳郎留下的传统吧。

丸田芳郎要求化妆品和香波，必须严格遵守皮肤科学和头皮科学，必须生产出科学的产品，而对宣传等其他事项的要求相对较低。他认为公司只有肥皂和洗涤剂类产品是不够的，这才有了"苏菲娜"及之后的产品，花王也因此成了如今营业额达13000亿日元的公司。

还有一件事是丸田芳郎忘不了的，那就是佛法恳谈会，一般一月一次或者两月一次。有时丸田芳郎也会不看原文，脱稿讲解两个小时有关圣德太子的内容。

2. 采访对象：信冈秀典

（2015年4月17日星期五于大阪市北区天神桥公司石碱新报社）

<信冈秀典简历>

信冈秀典1919年（大正八年）1月出生于广岛县福山市。

1948年（昭和二十三年）6月作为石碱新报社创始人之一参与策划了《石碱新报》（今《石碱日用品新报》）的创刊。至2009年，信冈秀典相继任该报社专务董事、总经理、董事长。

1949年（昭和二十四年）创建如今《全国日用品·化妆品业界名鉴》的前身《全国石碱业界名鉴》，1965年（昭和四十年）创建介绍制造商主要产品的《石碱洗剂·日用品杂货综合名录》，1986年（昭和六十一年）创建评论调查分析业界情形和市场规模的《All Toiletries》。信冈秀典还从业界专业报纸的角度出发出版了多本出版物。1969年（昭和四十四年）发行了《业界20年的发展》，1998年（平成十年）发行了《业界50年的发展》，为业界发展贡献力量。信冈秀典为加强制造商和批发商之间的友好关系还创设了新年联欢会，2017年该新年联欢会迎来了第59届[2]，但是信冈秀典因在远方疗养未能出席。同年3月14日信冈秀典离开了人世。

与丸田芳郎的结识

在工作上，一直以来我深受丸田芳郎的关照。从认识丸田芳郎开始，我就非常景仰他的人格。1951年（昭和二十六年），丸田芳郎结束了在美国为期三个月的行业考察回国，我听说有一个丸田芳郎的报告会，当时我并不知道这是一个销售会议，一心想着从时任常务的丸田芳郎那里听到第一手的行业内容，于是就乘飞机去了大阪的营业所。丸田芳郎批评我不懂事理，"公司的销售会议是很严肃的，你不请自来是怎么回事？"我受到了丸田芳郎的严厉批评。那时我觉得丸田芳郎是一个很严厉的人。虽然丸田芳郎批评了我，之后丸田芳郎却主动和我说，"接下来我要从营业所到机场，你如果有时间可以来找我。"于是在去机场的车上，我和丸田芳郎聊了很多关于行业情形的事情。此后，我在工作上就一直受到丸田芳郎的关照。

丸田芳郎式的信息收集和分析

丸田芳郎来大阪时，我安排丸田芳郎住在了大阪站附近好吃且广为好评的酒店，于是有机会和丸田芳郎一对一地以个人身份畅谈，但是当时我特别紧张。我们谈了很多，从工作谈到了花王与狮王、花王与旭电化这些企业间的内容。从机场到酒店十几分钟的路程，我们在车里也聊了很多。我从我的立场谈了公司间的关系还有市场的内容。我还谈到了外资制造商、末端市场、批发零售商对花王产品的希望和意见等。

每当有什么不好理解的事件发生时，丸田芳郎就会说："这一点太奇怪了，我们见面把这个问题弄清吧。"见面之前我也会事先做一下准备。虽然作为媒体人员有些事情不能和企业高层讲，但是我们可以站在个人立场上交流。

营业经理丸田芳郎

营业经理不只是一个经营者，更要是一个优秀的人才。当时正是花王创立销售公司之前，丸田芳郎不仅要管理产品，还要管理销售和营业等众多细微之处，而且丸田芳郎对这些都非常了解。我时常想按照这个方法工作下去，丸田芳郎的身体能承受得了吗？

花王有许多像社友会（花王代理店会议）这样互相交换意见的会议，我们行业专业报纸的从业人员，也会参加其中一些。这些会议上的发言都很实际，有从代理店立场出发直截了当表达意见的，也有评论家。如果在这些会议上提出了很多意见，丸田芳郎就会说，"有什么意见，请大家一定提"。部分代理商虽然很信任丸田芳郎，但是面对面交流时却不敢提出内心的真实意见。这时丸田芳郎总是鼓励他们说出内心的真实想法，也非常欣赏敢于说出自己真实想法的批发商。在这些会议上，大家不是只站在自己的立场，而是在充分考虑多种因素的基础上提出自己的想法，目的是达到充分的意见交换。丸田芳郎是一个非常难得的人才。

就任总经理

伊藤英三非常绅士，非常适合担任花王的领导人。丸田芳郎作为花王副总经理是他的手下。伊藤英三去世之前，就已经把丸田芳郎当成实际意义上的总经理了，所以丸田芳郎正式被任命为总经理是必然的，并没有出现什么变动。

丸田芳郎去世

我一直认为像丸田芳郎这样的人的生命是不会有限度的，丸田芳郎去世前，我也没有机会再见他一面，所以丸田芳郎以91岁高龄去世时，我非常震惊。日本合成洗涤剂行业能有今天的成就，丸田芳郎是首要贡献者。我认为丸田芳郎的功绩应当被我们永远铭记。

3. 采访对象：长谷川忠史

（2015年3月13日星期五于大阪府丰中市新千里东町千里阪急酒店）

＜长谷川忠史简历＞

长谷川忠史1935年（昭和十年）8月出生于大阪市，1956年（昭和三十一年）进入日本妆碱新闻社（今日本商业新闻社），

1976年任主编，1987年任主管。任新闻社主编、主管期间，长谷川忠史带领新闻采访聚焦批发业焦点，刊发了总结经营实态和市场规模的《家庭产品报告》。从1988年（昭和六十三年）开始，长谷川忠史陆续对日本全国规模较大的100家石碱化妆品批发企业进行了直接采访，出版了《石碱·化妆品·日用品批发业——日本最有实力的100家批发商》，之后此书每两年出版一次，成为业界的畅销出版物。长谷川忠史在积累了大量业界信息的基础上发表了很多演讲，同时也进行批发企业公司史编辑等工作。2003年长谷川忠史退任主管就任理事，次年从该新闻社退职。

参加社友会

信冈秀典、町田正一郎和我都是业界报纸的工作人员，都参加过社友会。信冈秀典、町田正一郎都是从第一届开始参加的，我是从第三届开始参加的。作为领导每次社友会时丸田芳郎都会预订最好的酒店，酒店里最好的房间以及饭菜，给予参会人员最高规格的招待。我想丸田芳郎也是为了回馈过去的代理店经营者们吧。

销售公司和对消费者的尊重

丸田芳郎任常务董事和营业经理时,花王的经营并不好,这一时期也是丸田芳郎大显身手的时期。丸田芳郎实施了销售公司制度,从而尽可能地缩短了制造商到消费者的流通链,并尽可能地降低了风险。

关于销售公司的成立,我听批发商说,当时丸田芳郎推出了很多政策,包括各营业所制定销售目标,然后将其汇总至代理店(销售公司成立前的花王代理批发商)。年轻的销售员希望批发商能够销售花王的产品,而批发商又不想销售与现有商品相竞争的商品,年轻气盛的销售员就会再次请求批发商销售花王产品。而批发商认为,这只是因为花王现在没钱,希望批发商用票据挽救公司。这些话批发商不能当面和花王说,所以就告诉了我们行业报纸的工作人员。后来,当时在大阪的丸田芳郎知道了这件事,顿时火冒三丈。丸田芳郎把当时花王在大阪的负责人樱井和目片先生叫了过去,要求彻底改革。花王曾受批发商照顾,想着批发商应该也了解花王的过去,然而现实却不是这样的。斟酌再三,丸田芳郎还是决定彻底改革。

继任总经理

伊藤英三就任总经理之后,丸田芳郎凭借自己的领导才能制定了现金支付和销售公司等制度，这些制度都遭到了一定程度的抵抗，但是可能也正因为如此，丸田芳郎才成了花王的长期领导人吧。

伊藤英三之后，丸田芳郎任了19年的总经理，但长期政权也有弊病，所以丸田芳郎之后花王高层的任期就比较短了。

丸田芳郎说："那时我同一件事情常常说两遍，我和家里人说也许到了退任总经理的时候了吧。"丸田芳郎任总经理的后期，这种事情确实常有发生，和我们认识的原来的总经理不一样了。丸田芳郎在总经理任上干了多年，有时也会有强制做法，所以在丸田芳郎晚年，有些人对他的评价并不好，但是近十年来主张重新评价丸田芳郎的呼声越来越高。

退任总经理后，丸田芳郎晚年患上了轻度老年痴呆症，社友会看望过丸田芳郎一次，此外都是护士在照顾丸田芳郎。此外，部分晚报还报道过丸田芳郎不擅长公司资金运作，就任总经理初期（约昭和三十年代后半期）M资金[译者注：传言以第二次世界大战后联合国军最高司令官（驻日盟军总司令）占领日本后接收的资金等为基础，秘密使用的资金。这里有可能特指的这一资金，也有可能泛指某资金]的运作就出了问题。但不知道这些报道是否真实……

麻将

丸田芳郎除了读书之外，最大的兴趣就是麻将了。丸田芳郎任总经理时经常在新年或者其他时间在家里开麻将大会，并邀请公司员工参加。每年1月10日左右的大阪新年会上丸田芳郎都会邀请10名左右的舞伎，丸田芳郎会把钱花在这些地方。之后每年的安排都是固定的，送舞伎回去时去祇园，然后在祇园打麻将。丸田芳郎会叫曾我先生或者樱井先生和他一起打麻将。曾我先生就像丸田芳郎的手一样，是丸田芳郎最得力的部下，然而曾我先生却说："丸田芳郎状态不好时，最能让他恢复状态的是麻将，在这一点上我败给了麻将。"打麻将时如果在玩儿大的时候突然玩儿小了，丸田芳郎也会不高兴。丸田芳郎在艺伎这里放松也保持着自己的兴趣，但是据说豪放磊落的丸田芳郎退任总经理后，去烟花巷的次数就少多了。听说丸田芳郎只在夏威夷打过一次高尔夫，但是因为感觉完全不行，此后就再也不打高尔夫了。中岛先生和佐川先生等都非常喜欢高尔夫，但在丸田芳郎面前也只能避谈高尔夫。顺便说一下，待人方面丸田芳郎是非常周到热情的。

当场演示宣传的经营者

现在的化妆品品牌"花王苏菲娜"刚推出时，丸田芳郎自己亲自向艺伎和俱乐部的女性演示这款化妆品能够涂抹得多么均匀,希望她们也能尝试。推出色拉调料时,丸田芳郎也会在社友会上让大家品尝。丸田芳郎是一个非常擅长当场演示、现场销售的经营者。

4. 采访对象:町田正一郎

(2015年5月14日星期四于东京都中央区日本桥人形町公司日用品化妆品新闻社)

<町田正一郎简历>

町田正一郎1933年(昭和八年)3月出生于茨城县龙崎市。1955年毕业于中央大学法学部,同年6月进入当时的油脂新报社(今日用品化妆品新闻社)。1963年接手油脂新报工作,就任代表董事。这一时期,油脂新报社更名为洗剂新报社,媒体称之为《洗剂日用品妆报》,致力于肥皂、洗涤剂和日用品领域。此后长期关注报道肥皂、洗涤剂和日用品相关领域,町田正一郎也多次直接采访丸田芳郎。1971年(昭和四十六年)应众多制造商和批发商的要求刊行了总结当年相关新闻和数据的年刊《石碱·洗剂·化妆品汇编》(今《日用品·化妆品·生活用品汇编》)。2006年(平成十八年)就任董事长。

町田开始工作时的业界

我1955年（昭和三十年）从中央大学法学部毕业后，6月就进入了报纸业界，当时还叫油脂新报。那时油脂新报从北往南在札幌、名古屋、大阪、博多和福冈都有分部，当时我进入的是位于深川佐贺町（永代桥）的总部。

最初我的采访对象是批发商和中小制造商。花王总部位于马喰町，花王、狮王、旭电化、日本油脂、第一工业制药、三芳油脂和资生堂被称为当时的七大公司，但当时的花王还不好过。丸见屋（三环石碱）和共进社油脂（牛乳石碱共进社）是专门的化妆香皂制造商。除此之外还有很多的中小肥皂制造商，这些制造商虽然也生产化妆香皂，但主要还是生产洗涤用肥皂。如果说当时为什么有这么多的中小肥皂制造商，是因为当时龟仔形肥皂是肥皂的主流。我刚工作时这种肥皂占到了肥皂市场的70%，中小制造商便生产在销售上有绝对优势的龟仔形肥皂。但是大型企业出于大企业的傲慢，选择了不生产龟仔形肥皂，而生产方形肥皂，目的就是为了和中小企业相区别。中小批发商数量众多，很多都是B店、C店，我起初都是采访中小制造商和批发商，数年后就开始采访大型企业了。

与丸田芳郎的结识

丸田芳郎在和歌山工厂任经理时我不怎么认识他,第一次见到丸田芳郎是经丰田达治介绍的。那时丸田芳郎从和歌山工厂回来任营业经理负责销售。伊藤英三任总经理时我时常采访伊藤英三,借此机会我有时也能见到丸田芳郎。丸田芳郎被伊藤英三寄予了很高的期待,伊藤英三去世后丸田芳郎任了19年的总经理。丸田芳郎任总经理期间,我深受丸田芳郎照顾。

有一次丸田芳郎来大阪出差偶然遇到了我,说:"町田,你来大阪做什么?我们一起吃个饭吧。"

销售公司政策和丸田芳郎

我采访伊藤英三时,伊藤英三说过与批发商之间的合同不是双务合同(译者注:双方当事人互相承担义务和享有权利的合同),而是单务合同(译者注:一方只享有权利而不尽义务,另一方只尽义务而不享有权利的合同)。花王提出销售公司政策后引起了强烈反响,日本全国范围内掀起了反对销售公司的运动。根据广田先生的说法,其中东京的反对运动最强烈。宝洁也进行了尽可能直接接近消费者的宣传来反对销售公司制度,因为美国没有批发商。日本这样的高密度社会不可能像美国一样用卡车运货,然后一下子在超市卸下大量货物,当时的日本零售店最多都不超过30捆货物。丸田芳郎在充分考虑花王未来和宝洁之后，决定采取销售公司制度。销售公司制度实施后，花王的销量降低了不少，本乡先生任狮王油脂总经理时期，花王销量一度与狮王接近。

丰田达治是比较尊重过去的批发商的，与丸田芳郎的想法不太相同。丸田芳郎去过美国，了解宝洁，还开发了soapless soap，也就是合成洗涤剂。强烈支持丸田芳郎销售公司制度的是伊藤英三。

销售公司制度推出以后，遭到了批发商的强烈反对，所以推行起来非常困难。丸田芳郎担任了销售常务，把曾我先生叫回了东京，要求他接替销售公司负责人把销售公司制度推向正轨。

丸田芳郎在各方面都对业界产生了影响，从洗涤剂、流通制度和政策方面引领了业界的发展。虽然不知道丸田芳郎对销售公司制度的真实想法，但销售公司制度对业界产生的影响非常大。建立销售公司时，福冈的很多超市都倒闭了，夸张一点儿甚至"超市"的"市"字还没说完超市就倒闭了。销售公司制度实施后批发商一眼就能看到价格的末端，所以批发商也迎来了困难时期。林周二的《流通革命》并没有关于丸田芳郎的内容，但丸田芳郎自己就是一个革命家。

与大荣交易的停止

这一时期也是花王与大荣交易出现问题的时期,丸田芳郎说:"最终我们公司几乎没有受到损失,销量也没有受到那么大的影响""如果大荣不卖花王的产品,还有伊藤洋华堂等其他商家非常愿意卖我们的商品,所以没有影响。"丸田芳郎还说:"商品必须要强化品牌力""制造商如果没有商品力,是不会有影响力的。"我想正因为丸田芳郎是技术人员才会这么说吧。

社友会

社友会是批发商们的集会,社友是原花王的代理店,全国约有50家。我们业界报纸的人员,也会被邀请参加批发商们的集会。多数代理店作为销售公司从批发店分离出来了,我想这些代理店对花王是有功的,所以花王怀着感恩的心组织了社友会。社友会在每年春天的4月或5月举行,场面亲切温馨。社友会都是在一流的地方举行,我们去过伊豆长冈温泉和三岛,还有纪伊半岛的伊势志摩,还去过加贺百万等著名酒店。

注重实际的丸田芳郎

伊藤英三去世后,丸田芳郎继任了总经理,这时丸田芳郎

总经理时代，花王社友会上的文艺表演。1984年左右 69岁左右（参考下文"在银座的商店"部分）

开始思考怎样带领公司发展。丸田芳郎选择了圣德太子，选择了倾听大家的意见。倾听销售部门员工的意见固然重要，但自己在流通工作中增长见识也是非常重要的。丸田芳郎说："我一年的目标是转300个销售店"，所以丸田芳郎总是随身带着很多名片。无论是和销售店人员交流，还是和我们交流，这些都成了丸田芳郎自己的判断资料。

我在采访销售店的过程中听到过这样的趣事。丸田芳郎去名古屋出差，下飞机后和销售公司员工说，"带我去销售公司吧"。销售公司员工想带丸田芳郎去经营出色的特色销售公司，丸田芳郎却说："不这样走。往右，往这边。"虽然这样对于销售公司员工来说比较难，丝毫不能掉以轻心，但丸田芳郎要尽可能准确地了解实际情况。丸田芳郎自己也不是销售出身，所以一直在努力学习。

丸田芳郎非常重视工厂的生产线长度。例如，他说："如果把30米缩短为20米，那就没有重新建造的必要。"丸田芳郎注重大局，想法灵活。正因为如此才被称为花王中兴之祖吧。

在银座的商店

丸田芳郎经常去银座，有些店都去惯了。3到4个人一起去拂晓的河野，丸田芳郎也邀请我加入其中。唱卡拉OK是第一项活动，他把空啤酒瓶扛在肩上当小提琴唱《干枯的芒草》（《船头小曲》），"我是河滩上干枯的芒草……"除此之外什么歌都不唱。因为丸田总经理唱了，所以我不得不唱，批发商也是，还好喝了酒。

注释：

1 关于丸山源一的简历可参考尾高煌之助、松岛茂编（2007）《丸山源一自述》(法政大学创新管理研究中心职场系列 No.39)。
2 关于信冈秀典的简历和信冈秀典观察到的战后石碱和洗剂日用品业界可参考信冈秀典(2013)《战后石碱洗剂日用品业界回顾》(石碱新报社)。

Ⅲ 家庭中的丸田芳郎

本书采访到了丸田芳郎的长子丸田诚一、丸田芳郎晚年最信任的人——丸田诚一的夫人角子、丸田芳郎的孙子同时也是丸田诚一夫妇的长子丸田博之。

1. 采访对象：丸田诚一

（2015年6月30日星期二于东京都墨田区文花花王公司墨田事业部）

<丸田诚一简历和进入花王的经过>

丸田诚一出生于1953年（昭和二十八年）12月，是丸田芳郎四个孩子（俊惠、光惠、诚一、让二）中的长子，也是双胞胎兄弟（诚一、让二）中的哥哥。1976年（昭和五十一年）3月，丸田诚一毕业于成蹊大学经济学部，同年4月进入当时的花王石碱股份有限公司。进入花王后，丸田诚一首先担任了工厂和子公司的经理，负责家庭用品运营和化妆品销售事务。之后开始从事商业用品业，2004年（平成十六年）产业用品事业部成为花王专业服务（professional service）股份有限公司，成为花王的一个子公司，2007年丸田诚一就任该公司常务董事，2009年成为该公司董事代表，又在2014年担任花王博物馆馆长。

实际上，丸田诚一进入花王石碱之前曾与父亲丸田芳郎商量过就业问题，父亲建议丸田诚一去东洋制罐，该公司是花王石碱商用容器领域的客户。因为当时东洋制罐董事长高碕芳郎与丸田诚一的父亲丸田芳郎非常熟悉。二人都叫芳郎，偶然的同名可能是使他们关系更加亲密的主要原因。当时丸田诚一没有预约就去了东洋制罐，并且参加了考试。母亲厚子建议丸田诚一也试一试花王，于是他也参加了花王的考试。丸田诚一更倾向于进入东洋制罐，而母亲则更希望他进入花王。丸田诚一与父亲商量后，父亲说，"进入花王的话会很辛苦，但是这不是最重要的，重要的是一定要选择自己喜欢的公司"，丸田诚一也与朋友商量，最终决定进入花王。于是，丸田诚一在父亲丸田芳郎成为花王董事长的第7年进入了花王石碱，这时丸田芳郎63岁。

丸田诚一与丸田芳郎在同一家公司工作，这里他围绕着父亲讲了很多工作及家庭方面的内容。

九田诚一1980年（昭和五十五年）5月与本田角子结婚。结婚后二人先住在了九田诚一单身时代住的和歌山的职工宿舍（1980年5月—1981年3月），后来搬到了吉祥寺，与九田芳郎夫妇一起居住（1981年3月—1982年12月）。之后九田诚一夫妇搬到了花王茅场町总部（1974年8月15日从马喰町迁至此）附近的箱崎（1982年12月—1994年5月），接着又搬到了吉祥寺与九田芳郎一起居住，并在此陪伴九田芳郎走完了人生的最后一段路程。

倾心艺术和读书

父亲对财物基本没有欲望，但是喜欢吃。即便收到了一块很好的手表，他也一定要把精工股份有限公司带有四边形指南针的实用型便宜货用坏之后再用新的。父亲也很重视公司的社徽。他还经常随身带着几支细水笔。

让父亲引以为荣的只有一样，那就是冈鹿之助的画。冈鹿之助还是艺大的学生时生活非常困难，父亲见到他就会给他一些资助，这幅画就是冈鹿之助为了感谢父亲曾经的帮助而送给他的。父亲非常喜欢，对他的画也特别重视。父亲不喜欢向别人夸耀自己收藏的美术品，但唯独这件一直引以为荣。冈鹿之助最有名的是点画法,但这是一幅油画,是冈鹿之助发电所系列作品之一。应该是父亲进入公司不久,结婚之前冈鹿之助送给父亲的。

父亲收藏的画并没有很多,其中最喜欢的是东山魁夷的画。父亲最喜欢朦胧月夜等以自然为主题的画。虽然他对画谈不上精通,但经常对我说:"要先看超一流的画作,在这一过程中就会慢慢理解画的内涵。"父亲还经常带我去参观日本美术展览会等美术展。

至于音乐呢,父亲在学生时代,去平田老师家玩儿时第一次听到了音乐,受此影响他工作后也常去听音乐会,其他时间有时会去画展。父亲对音乐也不是很精通,他买的唱片多数是贝多芬的,也有莫扎特的,也有大家常听的舒伯特和肖邦的。后来进入CD时代后,父亲又收集了很多的音乐CD,出国期间也会买。家里只是第九交响曲的CD就有五六张,不管在公司里还是在车里,父亲都会听。从三鹰牟礼搬到武藏野市(吉祥寺)时,他把不常听的唱片都扔了,只留下了经常听的一些片子。父亲对财物没有欲望,所以他也不会考虑要存什么东西。他主要听贝多芬的第九、命运和田园交响曲,有时也会听莫扎特的曲子。一到周日或者节假日,父亲就会把全家都聚起来一起听音乐。我在公司工作很忙,回家想和家人一起看电视,但父亲这时总会说"把电视关了吧，听听古典音乐多好。"

父亲自我三四岁开始，就让我和二姐光惠一起去吉祥寺的铃木教学法音乐教室学小提琴。姐姐学得很认真，但我却并没有那么喜欢，小学时我在小提琴俱乐部还和成蹊高中的高中生一起弹过小提琴。但在学校小提琴俱乐部里也拉小提琴，在附近教会也拉小提琴，让我感觉非常无聊。但是这些都锻炼了我的音感和对音乐的敏感度。

家里虽然有书房，但是变成了库房，书都放在一个没人去的日式房间里，父亲会去那里读书。他早晨一般起得比较早，吃过早饭后读一会儿报纸或书，如果天气好的话就会去井之头公园、深大寺或者其他什么地方散步。

父亲早晨起床后就会读书，电视只看新闻。高尔夫看得很少，也许是感觉无聊，很快就换台了。

父亲对电影毫无兴趣。有一次父亲和母亲一起去看了一部在和歌山很有人气的电影，看完后又回家带上俊惠一起去看这场电影，可是俊惠回来就发起了高烧，造成了智力障碍。父亲不喜欢看电影大概是因为此吧。

子女教育和对故乡的思念

父亲对我们子女的教育非常严格。但是他不是命令我们

"学习去！"而是教育我们，"不要懈怠，行动起来，无所事事不好"。父亲还教育我们一定要坚持运动。休息日的时候他会带家人去深大寺、河口湖、山中湖或者相模湖转一转。暑假父亲会回长野省亲。那时我的祖父母（在川中岛）和外祖父母（在长野市栗田）都在，他大概会去一两天。

我的祖父是一位教师，在父亲小时候经常调换工作，所以他们住遍了长野的户仓和上山田一带。父亲在姨舍山边与大自然相处，他总是和我们说起那时候的事，比如：他自己制作或者改造雪橇，让其滑得更快。我上小学三四年级的时候，父亲想带着我们去志贺高原滑雪，我因为当时骨折了没有去成，也没有看到父亲滑雪的英姿。我非常喜欢滑雪，但是父亲可以说对除了游泳之外的运动一窍不通，有时会打一打网球，但其他的球类运动基本不沾。对于父亲来讲能在酒店吃到美味的食物也是一大乐事。

我们全家曾在我学生时代一起开两辆车去和歌山川汤温泉。父亲在这里和藤森大夫等厂医、合作公司池田铁工的人员聚会。我喝了酒后迷路了，父亲找到了我。第二天早晨，父亲对我说，"我们去泡温泉吧"，然后就不断地向我推荐这处温泉，但是我怎么都不愿意再去了。父亲对吃饭不上餐桌等没有规矩的行为，也表现得非常严厉，但他只会提醒我们一次。

与家人在志贺高原。1963 年左右　48 岁左右

※ 丸田芳郎可能是想到了自己小时候骑自行车伤到了右侧小腿肚时，父亲对他说"身体发肤，受之父母，不敢毁伤，孝之始也。"（笔者）

料理和麻将

父亲经常做饭。但是都是一个模式，从我记事开始父亲经常做的就是肉丁菜丁盖浇饭。把菜切成碎丁，父亲不喜欢吃猪肉，所以用的是牛肉，再放很多番茄酱和少量番茄汁，因为略带酸味会更好吃。

父亲不喜欢在外面吃饭，更喜欢在家吃饭。在家做饭时他会尽可能买优质的食材，我们全家还会一起去买东西。一到鲣鱼上市的季节，父亲甚至会跑去吉祥寺站，为的是能够买到新鲜的鲣鱼，哪怕很贵父亲也不在意。不过确实好吃。

"Econa"生产出来后，父亲就会用它给我们做沙拉。父亲肯定会买最贵的螃蟹肉罐头，非常好吃。"Econa"是新鲜的，材料也是最好的，所以味道很好。

富山有一位一直试用花王产品的女性，可能是一位老板娘，应该是父亲出差时请人家试用产品认识的。"Econa"及其后的产品也都让秘书送过去请她试用。

父亲不喜欢高尔夫球，也不打高尔夫球，但是他喜欢麻将，经常打麻将。新年时父亲会举办麻将大会，把员工叫到家里，开四五桌麻将。在公司里也一样，父亲会对秘书川口香子说，"今天把A和B也叫上"，于是秘书就会叫上他们，吃完饭一起打麻将或者边吃饭边打麻将。就连出差的时候父亲也会打麻将。他麻将玩儿得并不好，但是公司员工都非常配合他。我也曾加入其中和父亲他们一起打麻将，有时如果有年轻员工参与，老员工就会"啪"地敲一下年轻员工的脑袋，说"哎呀，赢了"。父亲输了的话心情会特别不好，所以大家都会想办法让他赢。我想父亲也非常懂大家的心意。

性善说与佛教神道

父亲喜欢出门，只要感兴趣不管哪里都会去。父亲信任他人，从不怀疑别人。在国外也是很容易地就相信别人。他也非常相信自己，即便有反对的声音，只要他认为是对的就一定会坚持下去。来日本旅游的中国台湾人林锡瑞来公司时，伊藤英三拒绝与其会面，父亲接待了他，并准许向其出口"飞逸香波"。父亲能够接受任何人和事物，是一个性善说的极端信奉者。父亲总是先接受，再分析领会，最后做出自己的判断。

伊藤英三董事长的去世，对父亲来说是一个极大的打击。伊藤先生去世后，父亲开始学习佛教。家里现在还有很多佛教的书。我不知道他是不是都读过了，但是父亲确实学了很多关于佛教的东西。他没有选择什么特定宗派，而是通读佛教，不懈地追求真理。

父亲也非常信奉神道（译者注：日本固有的民族信仰。从崇拜自然、崇拜祖先和以天皇为中心的国家祭祀到民间信仰活动，包括多种多样的信仰形态）。他常说："正是因为日本人有神道，日本民族才有了灿烂的历史，才成为令人自豪的民族。"一到新年，父亲就会起很早，第一件事就是拍手祭拜四方（东西南北），连牙都顾不上刷。父亲一直坚持这一习惯，直到去世的前一年。他也有很多关于"死亡是什么"的书。

怀着身为日本人的自豪走向世界

父亲经常说，"要对日本的历史感到自豪，要相信日本是世界上独一无二的民族"，他还经常教育我们，"学习英语确实很好，但是即使会讲英语也要考虑讲什么内容。所以一定要学会用英语表达专业内容"。

在花王的全球化工作中，父亲非常重视并且信赖须贝益男和隅田孝这两位翻译。须贝益男是化学专业出身，他用意译等方法帮父亲翻译佛教专业书籍，准确地传达出了作者想要表达的真正含义。我也学英语，懂得翻译是值得尊重的人。这两位翻译与父亲同心同德，在国外总是与父亲共同行动，在国内接待国外来访者时也总是在父亲身旁陪同。

2. 采访对象：丸田角子

（2016年1月21日星期四于丸田诚一和丸田角子夫妇家中）

<丸田角子简历及与丸田诚一的相遇>

对于丸田芳郎来说，丸田诚一的夫人角子是丸田芳郎最能够坦率地说出真心话的人了。晚年时陪伴在他身边的也是角子。

角子与丸田诚一同年，出生于1953年7月，家中姐妹三人，角子是次女。角子的娘家在葛饰，是个体经营户。角子毕业于东洋英和短期大学保育专业，毕业后成为一名幼儿园教师。角子在学生时代加入了滑雪社团，正是滑雪让丸田诚一和角子走到了一起。1974年（昭和四十九年）3月，角子和同学们去了志贺高原的滑雪山中小屋，丸田诚一一位在这里打工的朋友是角子的同学，平日少言寡语的丸田诚一主动和角子搭话，这让周围的人都感到吃惊。经过六年的交往，两人于1980年5月结婚。

嫁进丸田家和新房

我的丈夫是家里的长子，还有姐姐俊惠必须要照顾，丸田诚一与女性交往很拘束，甚至想过终身不婚。那这样一个人能否和姐姐、家人好好相处是我首先考虑的方面。

结婚时父亲特别严厉，我记得那时父亲对我说，"虽然你长得并不好，但是你性格好所以我接受你了"。我想父亲可能觉得对我什么都能说，是一个很好的聊天对象吧。我的父母告诉我，既然嫁进了丸田家，作为儿媳就要全力支持丸田家。结婚后因为要照顾父母，所以我只去了孩子学校的家长一对一交流会等活动，教学参观这些活动就不去了。

结婚后我们先在和歌山的职工宿舍里住了近10个月。后来还去过父亲住的大宅子里。父亲来和歌山出差时来了我们的职工宿舍,我们就一起在周边散步。职工宿舍在工厂旁边,大约有四栋,还有幼儿园。从这里步行约15分钟就能到父亲住的纪州德川家的宅子。

在搬到箱崎的新家之前,还有从和歌山搬到东京时,我们都和父亲一起在吉祥寺住过。这里的房子四张半榻榻米大小,有浴室和洗手间。这是为了欢迎丸田朝(丸田芳郎的第二位继母)装的,但是丸田朝在1974年就去世了,当时我们还没结婚。所以最终也没来住。母亲常跟随师傅学习茶道、花道、舞蹈和三味线等技艺,有时父亲不在家,便和我们说,"俊惠一个人太孤单了,你们也住在家里吧"。后来我们又搬到了花王茅场町总部最里面的公寓里,从吉祥寺到这里步行大概5分钟就能到。父亲有什么事就会过来,有时出差前会过来拿诚一的大衣。

对孙辈的关心

父亲公私分明,会把公司的事务和家里的事情严格地分开。我们频繁搬家,从和歌山搬到吉祥寺,后来又住到了箱崎,父亲从我大女儿芳子上幼儿园中班开始,就经常带着她去三得利音乐厅等听音乐会。每次听音乐会时,父亲都不会让芳子在公司玄关等他,而是让她在离公司一段距离的桥边等,然后让他的秘书到这里来接芳子。我们培养孩子也和普通的工薪家庭一样。父亲让芳子学习音乐,让她到附近的钢琴老师那里学习钢琴,从小打牢基础。父亲常说,"不能一味培养听话的好孩子,不能让孩子只是规规矩矩而没有创造性"。

演奏会上的曲目多是交响曲。父亲常说,"听现场演奏会特别重要,一定要注意对演奏会的整体理解"。很多熟悉的音乐家也推荐听交响曲。父亲和芳子听完音乐会后,会带芳子去大仓酒店吃饭。司机每次都问父亲,"把您送到茅场町吗?"这时父亲就会说,"芳子,自己一个人能回去吧。"之后司机就会把芳子送到神谷町,我去茅场町接她。父亲常对芳子说,"要自立,要独立完成各项事情"。

父亲留给孙辈的财产就是教育。大女儿和二女儿上的都是私立东洋英和小学。二女儿想去美国,父亲对此非常支持。在高中二年级时,二女儿去美国待了一年,父亲嘱咐女儿不要在寄宿家庭住,要住在寄宿宿舍里。因为宿舍里有来自不同国家的不同的人,在这里可以见到贫困、歧视等,可以学到很多东西。后来二女儿大学去了费利斯女子学院的国际交流学院。大三时又去加拿大留学一年,大学毕业后在英国埃塞克斯读了一年的硕士研究生。而引导孩子们走上这条道路的正是父亲。

父亲出国后还会从国外给孩子们寄明信片。他会在明信片上写很多东西，比如："这个国家有野狗"、"早晨要早些起床把自己的屋子收拾干净后去卖花。孩子要帮家里做事"、"博之（长子）、容子（次女）要听姐姐芳子的话，要向姐姐芳子（长女）学习，帮妈妈干活"。父亲从国外出差回来后经常会和我们讲一讲当地国家的事情，他对新鲜事物特别感兴趣。

在父亲看来，"主人"（译者注：日本人对一家之主的称呼，也是日语中妻子对外称呼自己丈夫的说法）这个称呼是敬语，吃饭时父亲总是让孩子们喊他爷爷。

吉祥寺北町的家

父亲一直住在我丈夫中学时盖好的房子的正房里。这座房子1996年6月建成，正房以外的地方是为母亲扩建的，母亲患有阿尔茨海默病和帕金森病，所以这些地方采用的都是无台阶的无障碍建筑方式，但是建成后没有几个月母亲就去世了。不久后，父亲的腿脚也越来越不好，晚上便到这儿来睡。父亲去世前半年到去世前三个月都是在这里睡的。

我们在箱崎住时，父亲有时会和我们说，"这周末带孩子来吉祥寺吧。"我们到父亲这里后，他会让大家一起劳动，比如一起清扫落叶。还会让诚一的弟弟（住在荻窪）给大家放好听的音乐。我开始不会放音乐，就标上序号按顺序学着放音乐。

我非常喜欢父亲。我娘家的父母也和我说，"是丸田家的后代就去丸田家吧"，他们认为自己只是暂时替丸田家照顾一下孩子们。

岁末年初的丸田家特别忙，所以一到这时我们就从箱崎回吉祥寺住。我嫁过来之后只有昭和天皇去世的那年看了红白歌会（译者注：日本每年除夕夜播放的节目，相当于中国的春晚），其他时候父亲都会邀请很多人来家里打麻将。新年第一天父亲邀请了 20 名亲戚来家里打麻将。第二天父亲会邀请公司要员，这一天大概能凑五桌麻将。第三天父亲会邀请包括秘书在内的四五十名花王员工。他会亲自招待他们，如果觉得吃的不够就会再去肉店提回一兜肉。做杂煮时父亲也会用上好的海带来熬汤。他常说，"做饭时要心无旁骛，只想怎样才能让饭更好吃"，父亲非常愿意把美味的食物做给大家吃。

夏天盂兰盆节时，我们会回母亲的老家和川中岛父亲的老家扫墓。诚一开车带着母亲、父亲、我和三个孩子从吉祥寺出发，母亲身体还健康时是她开车，孩子长大后有时是诚一和母亲各开一辆车。父亲会在长野廖科别墅里亲自做饭招待诚一和他弟弟的孩子们。他经常教育孩子们亲近大自然的重要性，常和孩子们说，"当感到困惑或者必须做重大决定时，先想一想大自然再做出判断"。父亲非常重视大自然，不喜欢在箱崎的楼里住。

我想把我们叫到吉祥寺也正是因为这个原因吧。

与丸田芳郎夫妇同住

从 1994 年 5 月开始我们也住在了吉祥寺，扩建前我们住的地方还是院子。这里像大自然的庭院一样有池塘，还有山，不加修饰，郁郁葱葱，一到秋天就会有芒草和胡枝子开花。我们和父亲一起住的时候（丸田角子 40 岁左右），他曾向我说，"角子我想看荷花玉兰（玉兰科，开白色大花），想让你帮我种一株。"但是我们和花匠说完之后父亲就病重了，为了能让父亲在生前看到荷花玉兰，花匠第一时间就来家里给我们种上了。但非常遗憾父亲还是没能等到荷花玉兰花开。

母亲去世前我帮着家里料理家务。我自己做伊达卷（译者注：鱼肉末鸡蛋卷，是日式菜肴的一种）和金团（译者注：在糖煮栗子、豆子等外面裹上白薯泥、豆泥的日本点心），从来不在外面买。父亲不喜欢荞麦。在家里吃饭时我们都是煮挂面然后放上肉。但是有一次我们去长野的一个亲戚家，这位亲戚准备了美味的荞麦，父亲也说荞麦很好吃。

母亲不管做什么决定都会先和父亲商量。母亲称呼父亲"孩儿他爸"，父亲则称呼母亲"孩儿他妈"。后来母亲得了阿尔茨海默病，之后又患上了帕金森。她去世的半年前经常去顺天堂医院，最后去世是在野村医院（三鹰旁边）。之后就由我负责给家里做饭。

父亲经常去吉兆等高级餐厅。有一次我给父亲煮咖喱，他问，"这是买的罐头还是什么？"我说，"这是我提前一天做出来的，不是罐头。"这是我第一次反驳父亲。但是我紧接着说，"爸爸，如果不好吃的话下次我给您做便当。"我也和俊惠这样说。但当时儿子马上向父亲扑过去说，"为什么说这么过分的话？"我至今还记得父亲被当时小学六年级的儿子批评，"欺负弱者，居然这样说"。但是虽然如此，我想父亲还是信任我的。父亲不隐藏，不掩饰，特别是退休之后更是这样。

与花王共进退的丸田芳郎

父亲非常热爱花王，父亲说，"我愿意为了花王，为了周围的人而努力"。花王推出新产品时，一定会试用。父亲要么自己试用，要么让周围的人试用。"苏菲娜"推出时，父亲拿着试用品对我说，"角子，涂涂试试看。""花王 Econa 食用油"推出时，父亲用它炸了天妇罗，放在报纸上给我们送来。父亲炸天妇罗时，还把灭火器什么的放在旁边，准备得非常辛苦。"妙而舒"推出时，长女一直在试用。父亲常说，"花王得到了协作公司（瓦楞纸生产公司、塑料生产公司、食堂）的很多帮助，要永远记住曾经为花王工作过的人,并心怀感恩之情"。如果父亲听到有人说花王业绩好,他就会说,"不能只是花王自己好,必须要大家都好"。因为父亲非常热爱花王,所以特别谦虚。

我的丈夫也非常热爱花王,受此影响孩子幼儿园时就写下了,"未来工作要像爷爷和爸爸一样,为世界上的人们生产优质的肥皂"。幼儿园老师看到后和孩子说,"如果是爸爸妈妈让你这么说的,写下来就没有意义了"。但是其实孩子只是单纯地把它写下来了,却被误解为"被家长这么说才写下来的"。在周围人的眼里父亲是花王的伟人,但是父亲从来都是把我们看作普通的工薪家庭,不允许铺张浪费。父亲在一个好的时代成为董事长,花王的每一位员工都非常优秀,父亲作为董事长得到了研究所还有其他部门的很多人的支持。

晚年的丸田芳郎

吉祥寺的家前面是一片樱花树。父亲退休后,丈夫和姐姐们经常推着轮椅带父亲来这里赏樱。父亲有时起床会特别吃力,就给公司打电话去了顺天堂医院,但是因为没有任何症状就又回来了。之后父亲得过几次脑梗死,但很快就恢复出院了。父亲说,"想像大树衰老一样安静地离开",并且写下,"我在生命结束之前,想住在吉祥寺的家里"。父亲还提前告诉我们自己想好的戒名"冠山",但是之后很多年他都是健康的。

晚年的父亲非常可怜。父亲明明腰也疼腿也疼,但是他从来不说"这里疼,那里疼"什么的。有时饭都准备好了,他却迟迟过不来。父亲总说,"我想买一个帆布背包"。因为父亲想带着书和换洗衣物,去和歌山或者其他地方。到最后父亲的心里也只有花王。

父亲刚生病时经常说,"一听贝多芬就又充满了力量",后来身体越来越弱就开始听莫扎特。父亲还能从床上坐起来给吉姆(qimu)(丸田诚一夫妇和丸田芳郎夫妇同住后的春天,在深大寺领养的放养的杂种狗)喂食(奶酪等)。父亲从去世前三个月,也就是2006年3月开始,基本上就一直处于睡觉的状态了。

父亲去世前三周时,中川弘美来家里看望父亲。孩子们一问父亲,"爸爸,这里是董事长室吧。"他非常高兴地说,"是。"父亲血压一掉,我们就放贝多芬的音乐。我也睡在父亲身边一起陪着他。鳗鱼店的老板娘也过来了,这种时候父亲还是特别坚强。他到最后都是花王的丸田芳郎。

3. 采访对象：丸田博之

（2015 年 12 月 11 日星期五于东京都中央区日本桥茅场町花王集团客户营销公司）

<丸田博之简历>

丸田芳郎的孙辈共有八位。次女小田切光惠有二男一女，长子诚一有一男二女，次子让二有二女。丸田芳郎的孩子和孙辈们，不时会在吉祥寺的家里或者户仓上山田笹屋酒店，或者上高地和穗高麓的温泉聚会，一起陪在丸田芳郎身边。在这种安乐中，丸田芳郎的孙辈们给丸田芳郎留下了很多的回忆和深刻的印象。

丸田博之是丸田诚一的长子，是丸田芳郎的八位孙辈之一，他和笔者讲述了很多关于祖父丸田芳郎的回忆。丸田博之 2008 年 3 月大学毕业，同年 4 月进入花王株式会社，分配至花王客户营销公司（花王 CMK）。花王 CMK 是丸田芳郎成立的专门的花王产品销售公司（批发公司）。丸田博之和父亲一样经过了深思熟虑之后才进入的花王，最终还是选择了继承祖父丸田芳郎的志向。丸田博之 1983 年 5 月出生，当时丸田芳郎 68 岁。这一年 11 月花王生产的浴盐"Bub"发售。

一起洗澡

我印象最深的是每周末去在吉祥寺的爷爷家时，都会和爷爷一起洗澡。爷爷每次都会放两片"Bub"，"Bub"的泡沫会布满整个浴缸，爷爷抱着我，用他的大手把泡沫和水混匀。这样的场景我至今都无法忘却，现在我还是习惯洗澡的时候放两片"Bub"，然后用手把泡沫和水混匀。爷爷还用"碧柔U"给我洗过澡，直到今天我一闻到"碧柔U"的香味，还是会想起当时的这种情景。

在大自然中

爷爷没有带我去过游乐场，他喜欢大自然，所以经常带我去上高地爬山。我们去爬山前，奶奶和妈妈会给我们做好饭团，那时候我们带着饭团就去登山了。几年前我去户仓笹屋酒店，一洗澡就想起曾经和爷爷来过这里。爷爷去世后，我从父亲那里得知他小时候经常在这附近玩。

新年大家都会到吉祥寺。小田切姑姑一家住在富山，所以我们有时也在上高地聚会。聚会时大家会一起打扑克，但我不记得那时爷爷有没有加入。

我对爷爷热爱大自然这一点印象特别深，对爷爷在圣德太子、佛教、对皇室的敬畏这些方面没什么印象。爷爷不会直接对孙辈们讲这些内容，但书房里确实有很多这些方面的书。

音乐会

我对爷爷的印象就是他要么在读报读书，要么就在听音乐。爷爷经常带我去三得利音乐厅听音乐会。幼儿园时，爷爷还带着奶奶、姐姐和我一起去听过音乐会，我因为在听演奏的过程中打盹儿，还被姐姐和奶奶批评了。姐姐和妹妹还去家附近的钢琴培训班学钢琴。

小学五年级搬到吉祥寺后，一直和爷爷在一起。我不记得爷爷给我买过什么东西，只记得他经常给我水果。有一年圣诞节时，父亲送给了我一只棒球手套作为圣诞节礼物，我是左撇子，父母也许是想把我纠正成右撇子，送给了我一只右撇子的棒球手套，爷爷马上说道，"左撇子也是一种个性啊"。我现在还记得当时爷爷说的话，所以直到今天我除了打棒球时是右撇子外，其他时候还是左撇子。

对料理和美食的追求

爷爷好像没有什么拿手菜，但他经常给我们做肉丁菜丁盖浇饭。在"Econa 色拉调料"发售前，爷爷连色拉调料都是用自己家的用油、盐和胡椒等自制的色拉调料。爷爷和父亲都下厨房，受此影响我也非常喜欢做饭。

我上高中之前爷爷还很健康。我记得他经常和母亲说自己想吃什么，比如"我想吃烤肉了"或者"我想吃奶酪烤牡蛎和菠菜了"等。因为爷爷经常吃，所以冰箱里有很多存货。爷爷有一把专用的白色餐刀，特别快，很好用。爷爷去世后，这把餐刀就留给了我。父亲还曾经在顺天堂医院的病房里做过烤肉，他一边担心火灾报警器会响一边做烤肉。

慈祥又严厉的存在

一到新年，爷爷就会绕着院子朝着各个方向拍手祭拜。一般是一个人做，有时也会叫上我。看电视时他只看NHK，如果换到了其他频道就会生气。我也没有和爷爷一起玩闹过，并没有一般的孙子和爷爷之间的那种关系。小时候爷爷是一个略微严厉，值得学习的人。每次我给人添麻烦爷爷就会生气。爷爷生气时不是大声呵斥我，而是咬紧嘴唇瞪着我。看到这个表情时，连没有犯错的姐姐和妹妹都会非常害怕。爷爷虽然很慈祥但也有严厉的一面。

母亲和祖父

母亲在吉祥寺和爷爷一起住时，基本上都会满足爷爷的要求。爷爷身体动不了后，母亲带他看病，每天照顾他。从这时开始，我觉得爷爷和母亲之间的关系就越来越像父女了。

对花王产品的思考

爷爷经常说，"正是因为有了购买花王产品的这些顾客，才有了我们的生活。也就是说是消费者给我们的布施。所以我们要常常感谢顾客"。我当初进入公司的就职仪式上，也听到了公司干部这样说，我想爷爷当年就说过这些吧。

思想的继承

我还记得在幼儿园的毕业作文集上，写到自己未来的梦想"未来工作要像爷爷和爸爸一样，为世界上的人们生产优质的肥皂"。从小就对爷爷的工作产生了懵懂模糊的印象。他经常从国外给我们寄绘画明信片，受此影响我和姐姐妹妹从小就拥有为世界、为人类而工作的思想。

在大学就业研讨会上，老师告诉我们要做真实的自己。我从小在花王产品的围绕下长大，从幼儿园时就开始梦想"在花王工作"，这样的想法日益强烈，于是我选择了花王。但是母亲特别反对，可能是看到了父亲年轻时在花王经历的辛苦吧。我与父亲聊就业问题时，他说，"只要是你从事自己想做的工作，我就不会反对"。

就这样我在 2008 年（平成二十年）进入花王。爷爷那个时代生产的商品经过不断的改良，至今依然是花王的长期热门商品。我现在从事的是 33 年前爷爷他们那一代人创立的化妆品事业，而我进入公司时爷爷已经不在了，但是我还是愿意讲这些爷爷与花王的故事，还有关于"苏菲娜"的故事。

"企业家丸田芳郎"简略年表

公历	和历	年龄	相关事项	社会状况
1914	大正三年		12月16日于长野县更级郡信田村（今划入长野市）出生。五兄弟中的长子，父母均是教师	7月28日，第一次世界大战爆发
1921	大正十年	6	4月进入大冈村小学	11月4日，原敬（译者注：1856—1921，日本政治家）被暗杀
1922	大正十一年	7	丸田芳郎家因父亲调任至更级小学搬至冠着山（姨舍山）山脚下的更级村若宫。丸田芳郎转至更级小学	2月6日，《美英法意日五国关于限制海军军备条约》签订
1923	大正十二年	8	2月25日生母亭去世	9月1日，关东大震灾
1927	昭和二年	12	4月进入长野中学（今长野高中）	3月15日，金融危机爆发
1932	昭和七年	17	4月进入桐生高等工业学校（今群马大学）。专攻应用化学	5月15日，五·一五事件（译者注：1932年5月5日日本海军青年将校为建立军事政权而发动的兵变）爆发
1935	昭和十年	20	3月26日进入花王石碱股份有限公司长濑商会	8月3日，明确国体声明（译者注：明确以天皇为中心的国家体制的声明）发表

343

公历	和历	年龄	相关事项	社会状况
1936	昭和十一年	21	4月赴京都帝国大学进修	2月26日，二·二六事件（译者注：1936年2月26日日本皇道派青年军官发动的武装政变事件）爆发
1938	昭和十三年	23	3月京都帝国大学进修结束回到花王	4月1日，《国家总动员法》（译者注：1938年日本为适应中日战争的长期化，以对人力、物力资源的统治运用为目的而出台的法律。1945年废止）颁布
			11月成为硬化油工厂主任，成为时任厂长伊藤英三的直属部下	
1945	昭和二十年	30	9月就任大日本油脂和歌山工厂厂长兼和歌山工厂作业科科长	8月15日，昭和天皇玉音放送
1946	昭和二十一年	31	5月决定将和歌山工厂经营委托至日本有机股份有限公司	11月3日，《日本国宪法》颁布
			7月就任日本有机股份有限公司专务董事	
1947	昭和二十二年	32	12月1日与仓石厚子结婚，媒人是后来任花王总经理的伊藤英三及其夫人	
1948	昭和二十三年	33	5月以论文《不饱和烃的制备与应用相关研究》取得京都大学工学博士学位	11月12日，远东国际军事审判
1949	昭和二十四年	34	5月日本有机股份有限公司改称花王石碱股份有限公司，丸田芳郎就任专务董事	4月23日，确定1美元=360日元的汇率

公历	和历	年龄	相关事项	社会状况
1950	昭和二十五年	35	11月作为8名美国产业考察团技术人员之一考察美国、加拿大各地的油脂产业（1951年3月结束回国）	6月25日，朝鲜战争爆发
1954	昭和二十九年	39	8月3日花王石碱股份有限公司成立，经过1953年的两公司分立制和1946年三公司分立制以来，终于实现了大统一。成为合并后的花王石碱股份有限公司的董事，并被任命为营业经理	7月1日，陆海空自卫队建立
1956	昭和三十一年	41	11月就任常务董事	10月19日，《日苏共同宣言》签署
1958	昭和三十三年	43	1月作为营业经理着手销售制度改革	4月5日，长岛茂雄（译者注：日本职业棒球选手）第一次在4个击球员区均被三振出局（译者注：三振出局指棒球比赛中击球员3击未中出局，1958年4月5日，开幕战巨人军队长岛茂雄与国铁队金田正一交手时，在4个击球员区均被三振出局）
1960	昭和三十五年	45	3月随着"Zab"的发售取消了一直以来的赊账、回扣制度，引入了现金交易制度	9月5日，池田首相提出收入倍增政策
1968	昭和四十三年	53	5月伊藤副总经理就任总经理，同时丸田芳郎任专务董事	12月10日，三亿日元抢劫事件（译者注：1968年12月10日，发生在日本东京都的一次现金抢劫事件，至今犯人尚未捕获）

345

公历	和历	年龄	相关事项	社会状况
1969	昭和四十四年	54	5月就任董事副总经理	1月18日至19日,东京大学安田讲堂事件(译者注:20世纪60年代后期因对日本高度经济成长的后遗症不满学生发起了安保斗争,与此同时为抵制日本全国公私立大学学费上升,以及要求校园民主化学园纷争又因此而起。东京大学的学生则占领了学校的安田讲堂等地,之后在1969年1月18日和19日,经警察出动解除了封锁)
1971	昭和四十六年	56	10月2日伊藤英三总经理在任总经理期间去世(享年68岁) 10月12日接受新一任总经理的任命,就任董事总经理	8月15日尼克松冲击
1972	昭和四十七年	57	6月制订销售公司体制强化五年计划	2月19日,联合赤军浅间山庄事件(译者注:联合赤军在长野县轻井泽町河合乐器制造公司的保养所"浅间山庄"所做的绑架事件)
1974	昭和四十九年	59	2月作为企业方参考人之一出席众议院预算委员会关于物价问题的集中审议	11月26日,田中首相表明辞职意向
1975	昭和五十年	60	6月结束了与大荣的10年左右的中止期,重新开始与大荣交易	11月15日,第一次发达国家首脑会议
1982	昭和五十七年	67	9月"花王苏菲娜"品牌发售,真正开始化妆品事业	11月27日,中曾根内阁成立
1983	昭和五十八年	68	11月,新型浴盐"Bub"发售 11月,纸尿裤"妙而舒"发售,促进了布尿裤向纸尿裤的转变	

公历	和历	年龄	相关事项	社会状况
1985	昭和六十年	70	10月1日公司由花王石碱股份有限公司更名为花王股份有限公司	9月22日,G5达成协议
1987	昭和六十二年	72	4月浓缩洗衣粉"洁霸"发售	10月19日,纽约股价暴跌
1990	平成二年	75	4月家用食用油"花王Econa食用油"发售,成为食品事业的基干商品 6月就任董事会长	海湾危机从此年开始
1994	平成六年	79	6月就任顾问	1月1日,北美自由贸易协定生效
1995	平成七年	80	5月接受勋二等旭日重光章	1月17日,阪神・淡路大震灾
1996	平成八年	81	6月19日厚子夫人去世（72岁）	9月29日,民主党成立
1998	平成十年	83	4月退任顾问	2月7日,长野奥运会开幕
2006	平成十八年	91	5月30日去世	9月26日,第一次安倍内阁成立

※ 本表是编辑部根据《一心不乱——丸田芳郎的工作》（丸田芳郎纪念册刊行规划中心编花王股份有限公司2007年5月30日发行）中的"丸田芳郎生平年表"编写的。

※ 年龄指在"事项"一栏的具体时间丸田芳郎的实满年龄。

写在 PHP 经营丛书 "日本的企业家" 系列发行之际

  本套丛书介绍了像日本明治时期的涩泽荣一那样优秀的几位企业家。他们将日本商业在中世纪和近代的奋斗精神发扬光大，引领了近代的发展。日本在昭和时期饱受战争之苦，此后能快速复兴正是因为这些企业家的不懈努力。他们团结和领导人们，为实现社会富裕做出了杰出的贡献。1946年（昭和二十一年）11月创立本公司的松下幸之助就是其中的一人。他一方面励精图治致力于经营事业，另一方面又以"人乃万物之灵"为理念，通过本公司的各种活动向世人展示了繁荣、和平、幸福的美好愿景。

  我们秉持着尊敬这些创时代的企业家的态度，汲取他们的人生智慧。在了解这些优秀企业家之后，通过他们的人生经历和经营历史一定会获得现实性的启示。秉承这种信念，为纪念公司创立70周年，决定发行PHP经营系列丛书。在策划本套丛书时，首先选取了活跃在日本近现代，重视经营理念的企业家们，一人做成一卷。松下幸之助以展现言微旨远的寓意为初衷，将宣传图标设计为两匹头部相对，在天空翱翔的飞马，给人以尊重个体、旨在和谐的印象。"以史为鉴可知战略，洞察人心"——基于史实和研究成果所撰写的本套丛书如蒙钟爱，我们将不胜欣喜。

股份公司 PHP 研究所
2016 年 11 月

MARUTA YOSHIO
Copyright © 2017 by Satoshi SASAKI
First published in Japan in 2017 by PHP Institute,Inc.
Simplified Chinese translation rights arranged with PHP Institute,Inc.through
Beijing Hanhe Culture Communication Co.,Ltd
Simplified Chinese edition copyright © 2019 New Star Press Co., Ltd.
All rights reserved.

著作版权合同登记号：01-2018-1541

图书在版编目（CIP）数据

丸田芳郎／（日）佐佐木聪著；王胜译．
－－北京：新星出版社，2019.7
ISBN 978-7-5133-3577-5
Ⅰ．①丸… Ⅱ．①佐… ②王… Ⅲ．①日用化学品－化学工业－工业企业管理－经验－日本 Ⅳ．① F431.367
中国版本图书馆 CIP 数据核字（2019）第 110889 号

丸田芳郎

[日] 佐佐木聪 著；王胜 译

策划编辑：杨英瑜
责任编辑：杨英瑜
责任校对：刘 义
责任印制：李珊珊
装帧设计：斑 马

出版发行：新星出版社
出 版 人：马汝军
社　　址：北京市西城区车公庄大街丙3号楼　　100044
网　　址：www.newstarpress.com
电　　话：010-88310888
传　　真：010-65270499
法律顾问：北京市岳成律师事务所

读者服务：010-88310811　　service@newstarpress.com
邮购地址：北京市西城区车公庄大街丙3号楼　　100044

印　　刷：北京美图印务有限公司
开　　本：787mm×1092mm　　1/32
印　　张：11.5
字　　数：200千字
版　　次：2019年7月第一版　　2019年7月第一次印刷
书　　号：ISBN 978-7-5133-3577-5
定　　价：69.00元

版权专有，侵权必究。 如有质量问题，请与印刷厂联系调换。